2025

8급 간호직 공무원
보건진료직 공무원

정현

지역사회
간호

리뷰테스트
지난 주 수업 복습하기!

2025 정현

지역사회간호

리뷰테스트

2판 1쇄 2024년 9월 10일

편저자_ 정현
발행인_ 원석주
발행처_ 하이앤북
주소 _ 서울시 영등포구 영등포로 347 베스트타워 11층
고객센터_ 1588-6671
팩스 _ 02-841-6897
출판등록_ 2018년 4월 30일 제2018-000066호
홈페이지_ gosi.daebanggosi.com
ISBN_ 979-11-6533-501-4

정가_ 7,000원

목차

Review Test 01 지역사회간호개론 1 -- 04

Review Test 02 지역사회간호개론 2 -- 09

Review Test 03 간호과정 --- 13

Review Test 04 보건기획 / 보건의료체계 1 -- 18

Review Test 05 보건의료체계 2 -- 23

Review Test 06 보건의료체계 3 -- 27

Review Test 07 보건의료체계 4 / 사업 1 --- 32

Review Test 08 사업 2 / 가족간호 1 --- 38

Review Test 09 가족간호 2 / 노인보건 / 건강증진 1 -- 41

Review Test 10 건강증진 2 --- 45

Review Test 11 보건교육 1 --- 49

Review Test 12 보건교육 2 / 역학 1 --- 52

Review Test 13 역학 2 / 환경보건 1 --- 56

Review Test 14 환경보건 2 --- 61

Review Test 15 환경보건 3 / 학교보건 -- 66

Review Test 16 산업보건 1 --- 70

Review Test 17 산업보건 2 / 인구 / 모자보건 / 재난관리 ----------------------------------- 74

정답 --- 80

지역사회간호개론 1

01 다음은 지역사회 유형과 형태이다. 해당되는 지역사회 유형과 형태를 각각 고르시오.

① 구조적 지역사회	② 기능적 지역사회	③ 감정적 지역사회	④ 대면공동체
⑤ 생태학적 문제 공동체	⑥ 자원공동체	⑦ 문제해결공동체	⑧ 조직
⑨ 특수 흥미 공동체	⑩ 동일한 요구공동체	⑪ 지정학적 공동체	⑫ 위험집합체

(1) 지역사회의 기본적인 집단으로서 빈번한 상호교류를 통해 친근감과 공동의식을 소유:

(2) 지리적 · 법적인 경계로 정의된 지역사회:

(3) 감각이나 감성을 기반으로 모여진 지역사회 공동체:

(4) 문제를 발견하고, 공유하며, 해결할 수 있는 범위 내에 있는 지역:

(5) 어떤 문제를 해결하기 위한 자원의 활용범위로 모인 집단:

(6) 단순한 지리적 경계보다는 목표성취라는 과업의 결과로 나타난 공동체:

(7) 일정한 환경에서 특정목표를 추구하는 일정한 구조를 가진 사회단위:

(8) 주민들의 일반적 공통의 문제 및 요구에 기초를 두고 있는 지역사회:

(9) 지리적 특성, 기후, 자연환경 등의 영향으로 같은 생태학적 문제를 가진 지역사회:

02 다음은 지역사회 기능에 관한 설명이다. 해당 기능을 적으시오.

(1) 지역사회가 그 구성원들에게 사회의 규범에 순응하게 하는 기능:

(2) 개별구성원의 질병, 사망, 실업 등 도움이 필요한 상황에서 구성원 상호간에 서로 지지해주고 조력해 주는 기능:

(3) 지역사회가 공유하는 일반적 지식, 사회적 가치, 행동양상, 문화 등을 새로이 창출하고 유지 · 전달하는 기능:

(4) 지역사회 유지를 위하여 구성원 간에 결속력과 사기를 높이는 기능으로 주민 공동의 문제해결을 위하여 공동 노력하는 활동 등이 포함됨:

(5) 지역주민들이 일상생활을 영위하는 데 필요한 물자와 서비스를 생산, 분배, 소비하는 과정과 관련된 기능:

03 다음은 지역사회간호에 대한 개념이다. 해당되는 답을 기술하시오.

(1) 적정기능수준에 영향을 미치는 요인은?

① _____ ② _____ ③ _____

④ _____ ⑤ _____ ⑥ _____

(2) 건강을 임상적 관점보다는 (㉠_____) 관점으로 정의하며, 건강은 절대적이며 정지된 개념이 아니라 (㉡_____)이며, (㉢_____) 개념으로 접근한다. 또한 개인의 건강을 정의하기 보다는 (㉣_____)을 대상으로 건강을 정의한다.

(3) 기능연속지표 중 긍정적 기능지표를 순서대로 나열하시오. (　　－　　－　　－　　－　　)

① 자기인식	② 자아실현	③ 대처	④ 적정기능수준	⑤ 성장

(4) 간호대상과 간호행위와의 관계는 (㉠_____)을, 간호대상과 목표와의 관계는 (㉡_____)를, 간호목표와 간호행위는 (㉢_____)을 통해 연결된다.

04 다음 중 지역사회간호의 특성을 모두 고르시오.

① 전지역주민 대상	② 하의 상달식	③ 상의 하달식	④ 보건사업체계
⑤ 적정기능수준의 향상	⑥ 선택된 인구집단	⑦ 주민의 요구에 기반	
⑧ 정부정책지원	⑨ 건강관리사업체계		

05 다음의 내용에 알맞은 지역사회간호활동의 접근 유형을 고르시오.

① 조기 진단	② 예방접종	③ 건강보호	④ 재활	⑤ 조기치료	⑥ 건강증진	⑦ 재발방지

(1) 1차예방: 　　　　　(2) 2차예방: 　　　　　(3) 3차예방:

06 지역사회간호의 주요 역사적 사건에 대한 인물과 연도를 기술하시오.

(1) 우리나라 최초의 지역사회간호사업을 수행한 인물과 연도 (　　　　,　　　　　　)

(2) 영국의 리버풀시에서 최초로 비종교적 방문간호사업을 전개한 인물과 연도 (　　　　,　　　　　　　)

(3) 미국 뉴욕에서 방문간호를 위한 효과적 비용계산 체계를 수립하고, 전염성 질환관리와 환경관리사업에 역점을 둔 방문간호사업 전개한 인물과 연도 (　　　　,　　　　　　)

(4) 다음 중 지역사회간호시대에 해당하는 역사적 사건을 모두 고르시오.

① 학교간호, 산업간호 등 전문영역에서의 간호사 활동이 시작됨	② 포괄수가제의 도입
③ 전문간호사제도의 도입 ④ 보건소의 설치	⑤ 「사회보장법」의 통과
⑥ 알마아타 선언 ⑦ 가족단위의 포괄적 보건의료의 도입	

(5) 해당사건에 해당하는 연도를 기술하시오.

년도	역사적 사건	내용
㉠	• 「보건소법」 제정	• 부분적, 지엽적 보건사업의 전개
㉡	• 「보건소법」 개정 및 시행령 공포	• 보건소를 중심으로 한 전국적 차원의 사업으로 결핵관리, 모자보건, 가족계획사업으로 나누어 세분화하여 시행
㉢	• 통합보건사업 실시	• 군단위 보건소에서 통합보건사업 실시
㉣	• 「지역보건법」으로 개정	• 지역보건의료계획 수립 의무
㉤	• 「농특법」 제정	• 일차보건의료의 일환으로 보건진료원제도 실시
㉥	• 「학교보건법」 제정	• 학교보건사업이 본격화됨
㉦	• 「학교보건법」 개정	• 양호교사 일차건강관리자로서의 직무삽입
㉧	• 분야별간호사제도 신설	• 마취, 정신, 보건 분야
㉨	• 전문간호사로 개칭	• 마취, 정신 보건, 가정간호 분야
㉩	• 「의료보험법」 제정	• 임의적용
㉪	• 「의료보험법」 시행	• 500명 이상 사업장에 강제 적용
㉫	• 전국민의료보험 실시	
㉬	• 「국민건강보험법」 제정	
㉭	• 의료보험조직 완전통합	• 국민건강보험공단 출범, 건강보험심사평가원 출범
㉮	• 「산업안전 보건법」 제정	
㉯	• 「산업안전 보건법」 개정	• 간호사가 보건관리자에 포함
㉰	• 「국민건강증진법」 제정	• 보건소 건강증진사업의 법적 근거 마련
㉱	• 전국 보건소 차원의 건강증진사업	• 전국 보건소 차원의 건강생활실천사업 실시
㉲	• 「장기요양보험법」 제정	• 2008년 장기요양보험제도 실시

07 일반체계이론에 대한 설명으로 적합한 용어를 고르시오.

① 경계	② 전체성	③ 엔트로피	④ 네겐트로피	⑤ 위계적 질서
⑥ 환류(회환)	⑦ 항상성	⑧ 균등종국	⑨ 투입	⑩ 변환
⑪ 산출	⑫ 개방성	⑬ 환경		

(1) 체계의 질서를 증진시키는 에너지:

(2) 체계가 환경과 에너지를 교환하는 정도:

(3) 체계를 환경과 구분하는 것 즉 체계내부와 외부를 구별하는 것:

(4) 부분들의 집합인 체계는 하나의 통합된 단일체로서 반응하는 것:

(5) 한 체계의 산출이 환경을 통해 평가되고 이 평가 결과가 다시 체계로 되돌아오는 것:

(6) 체계 내 요소가 균형상태를 유지하고, 자기조절 능력에 의해 안정상태를 이루는 것:

(7) 체계 내에서 에너지, 정보, 물질의 사용이 일어나는 과정:

(8) 체계외부의 세계로 체계와의 상호작용을 통해 체계에 영향을 미치고, 체계의 행동에 의해 변화되는 대상의 집합체:

(9) 체계의 부분이나 요소들 사이의 상호작용은 순차적이고 논리적인 관계에 있음:

08 다음에 해당되는 답을 고르시오.

① 적정기능 수준의 향상	② 지역사회 내 인적, 물적, 사회적 자원
③ 지역사회 간호과정	④ 지역사회주민

(1) 투입:　　　　　　　(2) 변환:　　　　　　　(3) 산출:

09 다음은 기획의 특성에 대한 설명이다. 옳은 답을 적으시오.

(1) 기획은 미래를 의도에 맞게 변화시키고자 하는 의도가 반영된 수단이므로 (＿＿＿＿＿＿＿) 지향적이다.

(2) 기획은 (＿＿＿＿＿＿＿)지향적 이며, 동적인 과정으로 탄력성을 가진다.

(3) 기획은 미래를 예측하고, 불확실성을 최소화하기 위한 (＿＿＿＿＿＿＿)지향적 노력이다.

(4) 기획은 문제해결을 위한 일련의 (㉠＿＿＿＿＿＿＿)과정으로 이루어지는 체계적 (㉡＿＿＿＿＿＿＿)과정이다.

(5) 기획은 수립된 기획이 기획의도대로 실행 될 수 있도록 (㉠＿＿＿＿＿＿＿)에게 권한과 자원을 부여하여 계획을 성공적으로 이끌게 해야 하므로 (㉡＿＿＿＿＿＿＿)지향성을 가진다.

(6) 기획은 목표달성을 위한 최적의 (＿＿＿＿＿＿＿)을 제시한다.

10 다음은 기획과정에 대한 설명이다. 옳은 답을 고르시오.

① 사업 수행	② 보건현황 분석	③ 우선순위 설정 및 각종 사업 방법의 연구
④ 계획의 작성	⑤ 전제조건의 사정	⑥ 평가 및 재계획

(1) 기획과정을 옳은 순서대로 열거하시오. (　　－　　－　　－　　－　　－　　)

(2) 기획과정 중 배정된 부서나 인력이 현재의 보건문제, 보건의료사업, 각종 자원 들에 대한 정보수집 및 연구를 통해 사업목표, 우선순위, 자원분배 등을 결정하는 기준 등을 마련하는 단계는? (　　　)

(3) 목표를 달성하기 위한 사업의 구체적 수행을 계획하고, 요원들이 그들의 특유한 역할과 기능을 수행하는 단계는? (　　　)

(4) 기획을 위한 특정조건이 마련되었는지를 사정하고 이런 조건을 만드는 단계는? (　　　)

(5) SWOT분석 등으로 기획전략을 도출하는 단계는? (　　　)

(6) 사업의 우선순위 결정과 선정된 사업의 목표를 설정하고, 각종 방법 및 수단 등의 장단점을 고려하여 가장 효율적인 수단과 방법을 선택하는 단계는? (　　　)

지역사회간호개론 2

01 교환이론에 대한 내용이다. 빈칸에 해당되는 적합한 용어를 기술하시오.

(1) 교환에 영향을 미치는 요소는 (㉠＿＿＿＿), (㉡＿＿＿＿), (㉢＿＿＿＿), (㉣＿＿＿＿)이다.

(2) 교환이론은 지역사회 간호과정 중 (＿＿＿＿)단계에서 가장 많이 적용되는 이론이다.

(3) 교환은 대상자들에게 (＿＿＿＿)이 많을수록 상호작용이 긍정적으로 지속된다.

(4) 교환 시 교환이 잘 이루어지도록 교환과정을 위한 (㉠＿＿＿＿)과 (㉡＿＿＿＿)을 확립하여야 한다.

(5) 교환 시 간호사와 지역주민은 (㉠＿＿＿＿)한 관계여야 하며, (㉡＿＿＿＿) 교환이어서는 안된다.

02 뉴만의 건강관리체계 이론의 다음의 개념에 적합한 용어를 고르시오.

① 저항선	② 정상방어선	③ 유연방어선	④ 스트레스원	⑤ 일차예방
⑥ 이차예방	⑦ 삼차예방	⑧ 기본구조	⑨ 방어선	⑩ 개방체계

(1) (＿＿＿＿): 스트레스원을 없애거나 약화시키는 활동 또는 유연방어선을 강화시킴으로서 정상방어선을 보호하는 간호중재

(2) (＿＿＿＿): 저항선 바깥에 존재하며 대상자의 안녕상태를 의미함

(3) (＿＿＿＿): 외부의 변화와 상호작용하여 수시로 변화하는 역동적 구조를 가지며 정상방어선을 보호함

(4) (＿＿＿＿): 스트레스원이 정상방어선을 침범하여 저항선에 도달하여 증상이 나타나기 시작했을 때 증상을 완화시키거나 저항선을 강화하는 중재활동

(5) (＿＿＿＿): 기본구조가 파괴되었을 때 합리적인 적응정도를 유지하는 활동

(6) (＿＿＿＿): 체계의 불안정을 초래하는 모든 환경적 변수

(7) 간호진단은 (＿＿＿＿)과 (＿＿＿＿)과의 상호작용을 중심으로 기술한다.

(8) 대상체계는 환경과 끊임없이 상호작용하며 변화하는 (＿＿＿＿)이다.

03 로이의 적응모형에 대해 다음 개념들에 적합한 용어를 고르시오.

① 상호의존 양상	② 자아개념 양상	③ 역할기능 양상	④ 생리적 양상
⑤ 초점자극	⑥ 연관자극	⑦ 잔여자극	⑧ 자극
⑨ 대처기전	⑩ 반응양상	⑪ 적응양상	⑫ 비효율적 반응

⑴ (   ): 인간행동에 가장 큰 영향을 주는 내외적 자극

⑵ (   ): 초점자극과 관련된 인간행동 유발에 영향을 주는 모든 자극

⑶ (   ): 인간이 자기 자신 대하여 믿고, 느끼고, 생각하는데서 일치감과 만족감을 느끼고자 하는
양상으로 정신적 통합성과 관련

⑷ (   ): 자신에게 의미있는 사람이나 지지체계와의 관계 속에서 의존과 독립이 적절히 균형을 이루는
양상으로 심리적 통합성과 관련

⑸ 간호란 적응반응이 일어날 수 있도록 (   )과 (   )에 대하여 중재하는 것이다.

⑹ 간호진단은 (   )과 (   )과의 관련성을 중심으로 기술한다.

04 오렘의 자가간호이론의 주요 개념에 대한 설명이다. 옳은 답을 고르시오.

① 자가간호요구	② 자가간호결핍	③ 자가간호역량	④ 간호역량	⑤ 간호체계
⑥ 전적 보상체계		⑦ 부분적 보상체계		⑧ 교육 지지적 보상체계

⑴ 자가간호를 수행하는 힘으로 자가간호를 수행할 수 있는 지식, 기술, 태도, 신념, 가치, 동기, 행동 등이 포
함된다. (   )

⑵ 자가간호결핍을 극복하도록 돕는 체계적인 간호활동을 의미한다. (   )

⑶ 자가간호결핍은 (㉠   )가 (㉡   )보다 클 때 나타난다.

⑷ 개인이 일반적 자가간호요구를 충족하나 건강이탈요구를 충족하기 위해서 도움이 필요한 경우의 간호사의
중재활동 체계는? (   )

⑸ 인간이 건강과 안녕을 위하여 외부적 환경이나 자신 내부의 요소를 조절하기 위해 스스로 수행해야 하는
활동은? (   )

⑹ 간호진단은 (   )을 중심으로 기술한다.

05 다음은 지역사회간호사의 기능이다. 해당되는 역할을 고르시오.

| ① 조정자 | ② 교육자 | ③ 옹호자 | ④ 상담자 | ⑤ 변화촉진자 | ⑥ 자원의뢰자 |
| ⑦ 사례관리자 | ⑧ 연계자 | ⑨ 연구자 | ⑩ 지역사회 동원자 | ⑪ 사회적 마케터 | |

⑴ 지역사회대상자의 권리를 옹호하기 위하여 대상자의 입장을 지지하고 알려줌:

⑵ 복합적이고 다양한 욕구를 가진 대상자에게 포괄적, 통합적, 지속적인 관리를 함:

⑶ 대상자가 적합한 의사결정을 내려 변화를 효과적으로 가져오도록 돕는 활동:

⑷ 건강과 관련하여 바람직한 행위변화를 하도록 정보를 제공함:

⑸ 대상자가 자신의 문제를 스스로 정확히 알고 스스로 해결의 계기를 찾을 수 있도록 함:

⑹ 대상자의 요구에 충족되는 최선의 서비스를 조직하고 통합하는 역할로 사업의 중복과 결여가 일어나지 않도록 하는 역할:

⑺ 보건사업을 효율적으로 추진하기 위해 지역주민, 관련기관, 전문가를 사업에 참여시키는 역할:

⑻ 대상자가 필요로 하는 서비스를 연결해 주는 것으로, 상호관련성을 가지고 대상자와 서비스 제공기관 간의 내적 의사소통을 제공하는 역할:

⑼ 대상자가 자발적으로 건강행위를 수행하도록 바람직한 전략을 개발하여 추진하는 역할:

⑽ 대상자의 다양한 요구를 해결하도록 여러 분야와 접촉하여 필요시 의뢰하는 역할:

06 다음은 건강형평성에 관한 내용이다. 다음 빈칸에 해당되는 적합한 용어를 기술하시오.

⑴ 사회적, 경제적, 인구학적, 지리적으로 정의된 집단 간에 하나 이상의 측면에서 잠재적으로 치유가능한 건강상의 차이가 없는 것을 (_____)이라고 한다.

⑵ 보건의료 형평성은 (㉠_____)배분의 형평성을 의미하며, 건강형평성은 (㉡_____)의 차이에 중점을 둔다.

⑶ 협의의 건강불평등이란 소득, 교육, 직업, 재산 등과 같은 (_____)에 따른 건강상의 차이를 의미한다.

⑷ 개인이 보건의료서비스를 이용할 때 적절한 의사결정을 할 수 있도록 건강 관련 정보를 얻고, 생각하고, 이해하는 능력을 (_____)이라고 하며, 최근 건강불평등의 주요한 변인으로 대두되고 있다.

07 가이거와 다비드하이저의 횡문화 사정모형에서 문화적으로 독특한 개인을 사정하는 데 필요한 6가지 문화현상을 기술하시오.

①_____ ②_____ ③_____

④_____ ⑤_____ ⑥_____

08 문화적 역량에 영향을 주는 5가지 요인을 기술하시오.

①_____   ②_____   ③_____

④_____   ⑤_____

09 "문화적 역량의 필요성과 문화적 배경에 대한 심층적 탐구를 통하여 자기 자신과 타인의 문화적 세계관에 대하여 아는 것"에 해당하는 문화적 역량 요인은?   (   )

01 다음 중 지역사회 자원 및 기관, 사업장 등을 시찰하여 자료수집과 자원파악을 동시에 하는 사정 유형은?

① 문제중심 사정　　② 하위체계 사정　　③ 포괄적 사정　　④ 친밀화 사정

02 다음은 자료수집방법이다. 질문에 해당되는 자료수집방법을 고르시오.

| ① 정보원 면담 | ② 설문 조사 | ③ 참여관찰 | ④ 지역시찰 | ⑤ 기존자료조사 |

⑴ 지역사회의 가치, 규범, 신념, 문제해결과정 등에 대한 정보를 수집하기 위하여 지역사회 주민들에게 영향을 미치는 의식, 행사 등에 직접 참여하여 관찰하는 자료수집방법은? (　　　　)

⑵ 지역사회 간호문제를 가장 정확하고 구체적으로 파악할 수 있는 자료수집방법은? (　　　　)

⑶ 지역 내 공식, 비공식적인 지역지도자, 지역유지, 사회사업가 등을 통하여 지역사회 건강문제, 지역사회 전반적인 상황등에 대한 정보수집에 적절한 자료수집방법은? (　　　　)

⑷ 단시간 내 지역사회의 다양한 면을 신속하게 관찰가능한 자료수집방법은? (　　　　)

⑸ 이차자료에 해당하는 자료는? (　　　　)

03 자료분석단계에 대한 설명으로 옳은 것을 고르시오.

| ① 자료 요약 단계 | ② 확인, 비교단계 | ③ 자료 분류 단계 | ④ 결론 단계 |

⑴ 자료분석 단계를 순서대로 나열하시오. (　　－　　－　　－　　)

⑵ 자료분석 과정 중 수집된 자료를 지도, 표, 그림 등으로 작성하는 단계는? (　　　　)

⑶ 전국 또는 과거의 통계치를 비교하거나 지역주민의 의견을 청취하여 자료를 확인하는 단계는? (　　　　)

04 오마하 진단의 문제 분류체계에 대한 설명으로 맞는 것을 고르시오.

① 대상자	② 수정인자	③ 환경	④ 심각도	⑤ 건강관련행위
⑥ 증상과 징후	⑦ 사회심리	⑧ 문제	⑨ 생리	⑩ 영역

(1) 오마하 문제분류체계의 4개의 수준(level)을 고르시오. (　　,　　,　　,　　)

(2) 오마하 문제분류체계의 4가지 영역을 고르시오. (　　,　　,　　,　　)

(3) 오마하 문제분류체계의 2가지 수정인자를 고르시오. (　　,　　)

05 다음의 우선순위의 결정 기준에 맞는 항을 고르시오.

① 문제의 크기	② 기술적 해결 가능성	③ 문제의 중요성	④ 문제의 심각도
⑤ 사업 추정효과	⑥ 주민의 관심도	⑦ 변화 가능성	

(1) Bryant의 우선순위 결정기준 (　　　　　　　　)

(2) BPRS의 우선순위 결정기준 – BPRS = (A + 2B) X C

　㉠ A:　　　　　　　　㉡ B:　　　　　　　　㉢ C:

(3) PATCH의 우선순위 결정기준 (　　　　　　　　)

(4) PEARL의 5가지 요소

　①_____　②_____　③_____

　④_____　⑤_____

06 유용한 목표설정의 기준에 관하여 답하시오.

(1) SMART의 5가지 유용한 목적설정 기준은?

　①_____　②_____　③_____

　④_____　⑤_____

(2) 성취된 결과를 수량화할 수 있어야 한다는 목적설정 기준은? (　　　　　　　)

(3) 성취 결과를 명확히 알 수 있도록 제시하여야 한다는 목적설정 기준은? (　　　　　　　)

07 투입산출 모형에 따라 목표를 분류하시오.

(1) 금연 클리닉을 2개소 설치한다. (   )

(2) 금연 캠페인을 월 1회 실시한다. (   )

(3) 흡연율을 7%에서 6%로 낮춘다. (   )

(4) 만성 호흡기질환의 유병률을 0.3%에서 0.2%로 낮춘다. (   )

08 인과관계 모형에 따라 목표를 분류하시오.

(1) 금연 클리닉을 2개소 설치한다. (   )

(2) 금연 캠페인을 월 1회 실시한다. (   )

(3) 흡연율을 7%에서 6%로 낮춘다. (   )

(4) 만성 호흡기질환의 유병률을 0.3%에서 0.2%로 낮춘다. (   )

09 목표의 구성요소는?

① _____   ② _____   ③ _____

④ _____   ⑤ _____

10 간호방법 및 수단의 선택 시 고려해야할 사항에 관하여 답하시오.

(1) 고려해야할 타당성의 유형은?

① _____   ② _____   ③ _____

④ _____   ⑤ _____

(2) 간호 방법은 사업대상자들이 받아들일 수 있는 방법이어야 한다. (   )

(3) 제공되는 간호수단이 기술적으로 타당하고 효과가 있어야 한다. (   )

11 평가계획의 구성요소는?

① _____   ② _____   ③ _____

④ _____   ⑤ _____

12 지역사회간호수행활동 중 보건관리활동에 대하여 답하시오.

① 조정활동	② 감시활동	③ 감독활동

(1) 사업의 목적 달성을 위하여 사업이 계획대로 진행되는지를 확인하는 활동으로 업무의 질적 표준을 유지하고, 사업의 결여 및 결여요인을 규명하기 위한 활동:

(2) 요원들 간의 업무활동이나 기능이 중복, 누락되지 않도록 요원들 간의 관계를 명확히 하고, 요원의 업무활동을 조정하는 활동:

(3) 실제 수행되고 있는 업무활동과 목표달성 정도를 파악하여 발생한 문제와 개선점을 토의하고 필요 시 조언하는 활동:

13 지역사회간호중재 수레바퀴모형에 따른 적절한 중재활동을 고르시오.

(1) 보건의료에 대한 접근성이 낮은 위험군이나 인구집단을 찾아, 건강문제의 원인과 문제해결방법, 서비스 이용방법에 대한 정보를 제공하는 것:

(2) 관심인구집단의 지식, 태도, 가치, 행위, 관습 등에 영향을 주기 위하여 기획한 프로그램에 대해 필요한 전략을 개발·적용하는 것:

(3) 둘 이상의 사람 혹은 조직이 건강증진 및 유지를 위하여 역량을 강화함으로써 공동목표에 달성하도록 하는 것:

14 체계모형에 따른 평가범주에 관하여 답하시오.

(1) 체계모형의 5가지 평가범주는?

① _____ ② _____ ③ _____

④ _____ ⑤ _____

(2) 투입된 노력에 대한 결과를 산출하여 지역사회 요구량과의 비율을 계산:

(3) 사업의 단위목표량에 대한 투입된 비용이 어느 정도인가를 산출:

(4) 간호시간, 가정방문 횟수, 인력, 물품의 소비정도를 모두 포함한 소비량:

15 평가유형에 따라 아래의 내용을 해당 평가유형에 따라 분류하시오.

① 프로그램 만족도　　② 대상자의 적절성　　③ 예산　　④ 사업정보의 적절성
⑤ 지식, 태도, 행위의 변화　　⑥ 사업의 진행정도　　⑦ 프로그램 참여도
⑧ 사망률, 유병률의 변화　　⑨ 사업진행상의 문제점　　⑩ 제공된 서비스의 질

⑴ **사업과정 평가모형에 따른 평가(Donabedian 평가모형)**

　1) 구조평가:

　2) 과정평가:

　3) 결과평가:

⑵ **목적별(인과관계) 평가모형에 따른 평가**

　1) 과정평가:

　2) 영향평가:

　3) 결과평가:

16 다음 중 해당되는 간호수단을 고르시오.

① 방문활동　　② 건강관리실 활동　　③ 의뢰활동　　④ 지역사회 조직화　　⑤ 지역사회 참여

⑴ 같은 문제를 가진 대상자와 서로 문제해결 방법을 나눌 수 있다. (　　　)

⑵ 가족 단위의 포괄적인 건강관리와 보건교육이 가능하다. (　　　)

⑶ 지역사회 주민에게 의사결정의 권한을 부여하는 것으로 보건사업의 성공가능성을 높여준다. (　　　)

⑷ 지역사회 발전이나 문제해결을 위하여 주민의 적극적 참여를 통하여 조직이나 자원을 개편하는 활동이다.
　(　　　)

17 다음의 사항에 의사소통을 위한 가장 적합한 매체를 고르시오.

① 우편(편지, 엽서)　　② 유인물　　③ 벽보　　④ 전화　　⑤ 방송　　⑥ 인터넷

⑴ 가정방문을 필요로 하는 가족을 선별방법에 활용하는 매체 (　　　)

⑵ 방문 약속날짜를 어겼을 경우 긴급한 사항이 아닌 경우 다음 날짜를 알려 줄 때 주로 활용함 (　　　)

⑶ 가장 빠르게 많은 대상자에게 전달 가능하여 보건지식 및 정보전달에 효과적인 매체 (　　　)

⑷ 정보를 조직적, 계획적으로 자세히 담을 수 있고, 보관하면서 필요시 볼 수 있는 매체 (　　　)

01 다음은 주도정도에 따른 주민참여단계이다.

(1) 참여단계를 주도성의 정도에 따라 순서대로 나열하시오

① _____   ② _____   ③ _____

④ _____   ⑤ _____

(2) 주민참여를 유도하는 단계로 참여에 대한 반대급부로서 참여가 유도되는 단계 (   )

(3) 주민 측에서 개발사업과정이 공개되기를 주장하고, 의사결정과정에 개입하려는 단계 (   )

02 아래의 보건기획의 원칙 중 질문에 해당하는 적합한 답을 고르시오.

① 목적성의 원칙   ② 통제성의 원칙   ③ 탄력성의 원칙   ④ 계층성의 원칙   ⑤ 미래성의 원칙

(1) 기획은 예측자의 주관성을 배제한 정확한 정보와 분석을 통한 예측으로 작성하여야 한다. (   )

(2) 일반적이고 추상적인 기본기획으로부터 구체화 과정 중에 생기는 여러 가지 세부 기획 모두는 서로 연관성을 갖도록 작성되어야 한다. (   )

(3) 기획은 융통성 있게 수립하여 변화하는 상황에 대처할 수 있도록 작성되어야 한다. (   )

03 다음은 보건기획의 과정이다. 적합한 단계를 기술하시오.

① 기획팀의 조직 → ② (_____) → ③ (_____) → ④ 목적 및 목표의 설정 → ⑤ (_____) → ⑥ 수행 → ⑦ 평가

04 다음은 SWOT분석의 목적이다. 옳은 답을 적으시오.

SWOT 분석을 하는 목적은 불확실한 미래의 (㉠_____)을 예측하고, 조직의 (㉡_____)을 감안하여 적합한 (㉢_____)을 수립하는데 있다.

05 다음의 SWOT분석 결과에 적합한 전략으로 옳은 것은?

> • 건강증진 시설과 장비가 미흡　　　• 건강생활실천 사업의 인력이 부족
> • 건강증진에 대한 주민의 관심도 증가　　• 건강증진에 대한 지역사회 재정의 증가

① 공격적 전략　　　② 다각화 전략　　　③ 상황전환 전략　　　④ 방어적 전략

06 다음의 SWOT분석전략에 해당되는 전략으로 옳은 것은?

> • 새로운 대상자, 새로운 기술, 새로운 사업을 개발 및 확산함
> • 다각화 전략을 사용하여야 함

① SO 전략　　　② ST 전략　　　③ WO 전략　　　④ WT 전략

07 보건프로그램의 우선순위 설정 기준 중 NIBP은 (㉠_____)와 해결방법의 (㉡_____)를 기준으로 우선순위를 평가하며, CLEAR는 NIBP방식으로 결정된 문제의 우선순위가 프로그램의 (㉢_____) 측면에서도 효과를 나타낼 수 있는지를 확인하는 기준으로 이용된다.

08 논리모형은 보건사업을 모니터링하는 효과적 방법으로 논리모형의 구성요소는 (㉠_____), (㉡_____), (㉢_____), (㉣_____)로 각 구성요소별로 평가를 실시한다.

09 사회생태학적 모형을 적용한 건강증진사업에서 아래의 중재전략에 가장 적합한 중재요인은?

⑴ 개인의 행동에 영향을 주는 법, 정책, 제도 등:

⑵ 친구, 이웃 등 사회적 네트워크를 활용:

⑶ 개인의 지식, 태도 기술을 변화시키기 위한 교육, 정보제공, 훈련 등:

⑷ 지역사회 이벤트, 홍보, 사회적 마케팅 활동:

⑸ 음주를 감소시키기 위한 직장회식문화의 개선:

10 다음 중 외부평가의 특징에 해당하는 내용을 모두 고르시오.

① 프로그램수행자와 외부 전문가, 프로그램 참가자 등이 함께 참여하는 평가유형이다.

② 전문적이고 객관적인 평가가 가능하다.

③ 기관의 특성이나 사업의 독특한 특성을 잘 반영할 수 있다.

④ 공정한 평가가 어려워 신뢰도에 문제가 제기될 수 있다.

⑤ 시간과 비용이 많이 소요된다.

11 다음은 보건사업의 기획 모형이다. 각 기획단계를 서술하시오.

PATCH 모형	MAPP 모형	MATCH 모형
①	①	①
②	②	②
③	③	③
④	④	④
⑤	⑤	⑤
	⑥	

12 다음은 보건사업의 기획 모형이다. 해당되는 적합한 모형을 고르시오.

① PATCH 모형　　② MATCH 모형　　③ MAPP 모형　　④ NIBP 모형

(1) 지역보건의료체계가 주도적으로 지역사회의 보건현황을 파악하고, 보건문제에 대응하는 지역보건의료체계의 역량개발에 초점을 맞춘 전략적 기획모형이다. (　　　)

(2) 개인의 행동과 환경에 영향을 주는 요인들을 개인, 조직, 지역사회 국가 등의 수준으로 나누어 기획함으로써 실제 수행을 위한 보건사업 개발 시 적합한 모형이다. (　　　)

(3) 미국 질병통제예방센터에서 지역보건요원들의 보건사업기획지침서로 개발되었으며, 건강증진 및 질병예방사업을 위한 기획모형으로 주민참여를 강조한다. (　　　)

13 다음은 정책과정의 단계에 관한 설명이다. 해당되는 단계를 고르시오.

① 정책의제 형성과정	② 정책 결정과정	③ 정책 집행과정	④ 정책 평가과정

(1) 채택된 정책의제를 그 해결책을 강구한 정책으로 바꾸어 나가는 과정이다. (   )

(2) 작성한 정책을 정책집행기관이 이를 환경에 적용, 실현해가는 과정이다. (   )

(3) Anderson은 정책과정을 5단계로 구분하였는데 이는 정책결정단계를 (㉠_____) 단계와

(㉡_____)단계로 구분하였다.

14 UN의 지속가능한 개발목표(SDGs)에 대한 설명으로 옳지 않은 것은?

① 환경파괴, 기후변화, 사회적 불평등 등 사회, 환경, 경제분야의 변혁을 동시에 강조하였다.

② 개발목표의 효과적 달성을 위하여 정부를 중심으로 한 파트너십을 강조하였다.

③ 대상국가를 개발도상국뿐만 아니라 선진국도 포함함으로서 보편성을 강조하였다.

④ 17개의 목표 중 보건과 관련된 목표는 보건과 복지(Good health and Welling)이다.

15 다음 중 국제보건규칙에 의해 1건이라도 발생되면 신고해야 되는 대상감염병은?

① 천연두	② H1N1 바이러스 감염증	③ 폴리오	④ 신종 인플루엔자	⑤ 중증급성호흡기 증후군

16 다음 중 양질의 보건의료의 구체적 목표를 모두 고르시오.

① 접근용이성	② 자원의 개발	③ 지속성	④ 효율성	⑤ 전문성	⑥ 질적 적정성

17 다음에 해당하는 보건의료서비스의 사회경제적 특성은?

(1) 각 개인의 건강과 관련된 자의적 행동이 타인에게 파급되는 효과로 특히 감염성 질환관리의 경우 이 효과가 크다:

(2) 개인의 건강문제 발생은 불균등하며, 예측불가능하므로 경제적, 심리적 준비가 어려우므로 위험에 대한 집단적 대응 즉 건강보험 등을 통한 대비가 필요하다:

18 다음에 해당하는 국가보건의료체계의 하위 구성요소는?

(1) 국가보건의료체계의 5가지 구성요소는?

①_____   ②_____   ③_____

④_____   ⑤_____

(2) 보건의료체계의 운영을 원활하게 위한 지도력, 의사결정, 규제 등의 요소:

(3) 보건의료자원을 보건의료서비스로 전환시키고, 효과적 효율적으로 기능하게 하기 위한 요소:

01 국가보건의료체계를 Fry의 분류체계로 분류할 때 다음에 해당하는 유형을 고르시오.

① 자유방임형	② 사회보장형	③ 사회주의형

⑴ 의료의 수준이나 자원의 분포 면에서 지역 간, 계층 간 불균형이 심하다. (   )

⑵ 관료적, 의료의 경직성으로 서비스의 질이나 효율이 떨어진다. (   )

⑶ 개인의 자유를 존중하되 정부주도로 서비스가 이루어지는 형태이다. (   )

⑷ 가족단위로 등록되어 의료의 지속성과 포괄성이 있고, 예방적 측면이 강조된다. (   )

⑸ 보건의료가 국가에 의해 기획되므로 서비스와 자원의 중복을 피할 수 있다. (   )

⑹ 의료인에게 의료에 대한 재량권이 부여되어 의료의 질적 수준이 높다. (   )

02 M.Roemer의 보건의료체계 유형 중 다음의 내용에 적합한 보건의료체계유형은?

- 정부 또는 제3자 지불자가 다양한 방법으로 민간보건의료시장에 개입한다.
- 주로 사회보장제도로 공공주도의 의료보험제도를 가지고 있다.

① 자유기업형   ② 복지지향형

③ 포괄적 보장형(포괄적 보건체계형)   ④ 사회주의 계획형(사회주의형)

03 Terris의 보건의료체계 유형 중 다음의 내용에 적합한 유형은?

- 재원조달은 주로 조세로 충당하고, 국민은 의료이용 시 무료서비스를 원칙으로 한다.
- 모든 병원은 국유화 또는 공공화하여 지역화한다.

① 공공부조형   ② 국민보건서비스형(NHS형)

③ 국민건강보험형(NHI형)   ④ 사회주의형

04 다음은 보건의료서비스 제공체계 유형별의 장단점을 비교한 것이다. 물음에 답하시오.

기준	자유방임형(미국)	사회보장형(영국)	사회주의형(중국)
(가)	++	+	-
(나)	-	++	++

〈보기〉

① 의료자원의 균등한 배분   ② 선택의 자유   ③ 형평성   ④ 의료비절감효과
⑤ 정부의 통제   ⑥ 의료서비스의 질   ⑦ 의료서비스의 포괄성

(1) (가)에 적합한 기준을 모두 고르시오. (   )

(2) (나)에 적합한 기준을 모두 고르시오. (   )

05 보건행정에 대한 보건복지부와 행정자치부의 역할을 각각 고르시오.

① 보건정책 결정   ② 인사권   ③ 예산권   ④ 기술지원   ⑤ 사업감독권

(1) 보건복지부: (2) 행정자치부:

06 다음 중 우리나라 보건의료체계의 특징을 모두 고르시오.

① 민간위주의 공급체계   ② 포괄적 보건의료서비스의 부재   ③ 공공의료분야의 일원화
④ 보건의료기획의 체계화   ⑤ 보건의료전달체계의 기능적 단절

07 「의료법」상 의료기관에 대한 설명으로 옳지 않은 것은?

① 의료기관은 의원급의료기관, 조산원, 병원급의료기관으로 구분한다.

② 전문병원 지정은 병원급 의료기관을 대상으로 한다.

③ 상급종합병원은 20개 이상의 진료과목을 갖추어야 한다.

④ 종합병원은 300개 이상의 병상을 갖추어야 한다.

08 의료산업에 정보통신기술을 접목해 시간과 공간의 제약없이 언제, 어디서나 예방, 진단, 치료 및 건강관리 등의 필요한 보건의료서비스를 제공하는 것을 의미하는 용어는?

① PHIS(지역보건의료정보시스템) ② GIS(지리정보시스템)

③ EDI(전자자료교환) ④ U-health

09 우리나라 국민의료비의 증가요인에 대하여 적합한 답을 모두 고르시오.

① 대상자 및 급여범위 확대	② 고가 의료기술의 사용	③ 전달체계의 비효율성
④ 의료인력 및 병상 수 증가	⑤ 민간의료 의존도가 높음	⑥ 의료수가 상승
⑦ 지불보상제도(행위별수가제)	⑧ 소득 증가	⑨ 노인인구의 증가

⑴ 수요 측 요인:　　　　　　⑵ 공급 측 요인:　　　　　　⑶ 제도적 요인:

10 다음의 국민의료비 억제 대책 중 장기적 대책에 속하는 것을 모두 고르시오.

① 지불보상제도의 개편	② 의료수가 상승을 억제	③ 본인 부담률 인상
④ 건강보험의 심사기능 강화	⑤ 의료전달체계의 확립	⑥ 행정절차의 효율적 관리
⑦ 다양한 대체서비스 및 인력개발	⑧ 보험급여범위 확대 억제	

11 의료비 지불방식에 대한 설명이다. 적절한 답을 고르시오.

① 인두제	② 행위별 수가제	③ 봉급제	④ 포괄수가제	⑤ 상대가치수가제	⑥ 총괄계약제

⑴ 사후결정방식의 지불제도:

⑵ 사전결정방식의 지불제도:

⑶ 제공된 의료서비스의 양과 관계없이 환자 요양일수별 또는 질병별로 보수단가를 설정하여 보상하는 방식:

⑷ 지불 측과 진료측이 미리 진료보수총액을 정하는 계약을 체결하는 방식:

⑸ 우리나라에서 적정진료의 제공으로 국민의료비 상승을 억제하기 위하여 도입한 지불방식:

⑹ 진료가 관료화 및 형식화 될 가능성이 높아서 의료의 질이 상대적으로 떨어질 수 있다:

⑺ 등록된 환자 또는 사람 수에 따라 보상하는 방식으로 총진료비 억제효과가 있으나 복잡한 문제를 가진 환자는 후송의뢰하게 되는 경향이 많다:

12 다음의 내용에 적합한 진료비 지불제도는?

〈보기〉				
① 인두제	② 행위별 수가제	③ 봉급제	④ 포괄수가제	⑤ 총괄계약제

(1) (가)에 적합한 지불형태는?:

(2) (나)~(마)에 적합한 지불형태는?:

기준 / 지불유형	(가)	(나)	(다)	(라)	(마)
의료의 질	+	−	−	−	−
의료인의 자율성	+	−	−	−	−
의료기술의 발전	+	−	−	−	−
의료비 억제	−	+	+	+	+
과잉진료 예방	−	+	+	+	+
행정절차의 간편성	−	+	+	+	+

13 다음은 우리나라 사회보장 제도이다. 적절한 답을 고르시오.

① 산재보험	② 연금보험	③ 고용보험	④ 국민건강보험
⑤ 노인장기요양보험	⑥ 기초생활보장	⑦ 의료급여	⑧ 연금저축

(1) 사회보험에 해당되는 항목을 모두 고르시오:

(2) 공공부조에 속하는 항목을 모두 고르시오:

(3) 의료보장에 속하는 항목을 모두 고르시오:

(4) 소득보장에 속하는 항목을 모두 고르시오:

(5) 요양보장에 속하는 항목을 모두 고르시오:

14 사회보장이란 사회적 위험으로부터 모든 국민을 보호하고 국민생활의 질을 향상시키는 데 필요한 소득·서비스를 보장하는 (㉠_____), (㉡_____), (㉢_____)를 말한다.

보건의료체계 3

01 의료보장의 유형에 관한 내용이다. 맞는 답을 고르시오.

① 의료비 증가에 대한 통제가 가능	② 의료의 질이 높음	③ 효율적 제도 운영이 가능
④ 소득 재분배 효과가 크다.	⑤ 의료의 공공성이 강조	
⑥ 자율운영이 가능	⑦ 관리운영비 절감	

⑴ 국민보건서비스(NHS)방식의 장점을 고르시오:

⑵ 사회보험서비스(NHI)방식의 장점을 고르시오:

02 다음은 건강보험제도에서의 본인부담지불제도의 유형이다. 적절한 답을 고르시오.

① 정률부담제	② 급여상한제	③ 일정금액 공제제	④ 정액부담제

⑴ 보험급여 비용의 최고금액을 정하고 그 이상이 되면 본인이 부담하도록 하는 제도:

⑵ 의료비의 일정비율을 보험급여로 해결해 주는 제도:

⑶ 일정기간동안 의료비가 정해진 한도에 이르기 전까지는 보험적용을 해주지 않고, 그 이상에 해당하는 의료비에 대해서만 보험적용을 하도록 하는 제도:

03 우리나라 보험제도의 변화에 대한 적절한 연도를 답하시오.

⑴ 「의료보험법」 제정: (　　　　　)년

⑵ 사회보험형태의 의료보험제도 도입: (　　　　　)년

⑶ 전 국민의료보험의 실시: (　　　　　)년

⑷ 「국민건강보험법」 시행으로 의료보험조직이 통합되어 건강보험공단 출범: (　　　　　)년

⑸ 노인장기요양보험제도 시행: (　　　　　)년

04 빈칸에 알맞은 답을 쓰시오.

(1) 우리나라 국민건강보험사업은 (㉠_____), (㉡_____), (㉢_____)에 의해 관리·운영되고 있으며, (㉣_____)은 보험자가 된다.

(2) 국민건강보험제도의 기능과 역할은 (㉠_____) 기능, (㉡_____) 기능, (㉢_____) 기능이다.

05 우리나라 건강보험제도의 특성으로 맞는 것을 모두 고르시오.

① 예측 가능한 질병을 대상	② 보험급여는 부담능력에 따라 차등 수혜
③ 제3자 지불제의 채택	④ 보험급여의 제한 및 비급여 있음
⑤ 보험료 납부의 의무성	⑥ 법률에 의한 임의 가입
⑦ 급여기간의 제한 있음	⑧ 본인부담금 지불유형은 정률제임
⑨ 일시적 사고를 대상	⑩ 2단계 진료전달체계를 가지고 있음

06 직장가입자의 보험료는 (㉠_____) 보험료와 (㉡_____) 보험료를 합산하여 (㉢_____)단위로 부과하며, 지역가입자의 보험료는 소득, 재산을 기준으로 산정한 보험료 (㉣_____)에 점수당 (㉤_____)을 곱한 금액을 (㉥_____) 단위로 산정한다.

07 건강보험의 재원은 (㉠_____), (㉡_____), (㉢_____)으로 이루어지며, 해당연도의 보험료 예상수입액의 (㉣_____)%에 상당하는 금액을 국고에서 지원하며, 당해연도 보험료 예상수입액의 (㉤_____)%에 상당하는 금액을 건강증진기금에서 지원한다.

08 다음 중 우리나라 건강보험제도의 특징으로 옳지 않은 것은?

    ① 급여의 제한   ② 본인부담상한제   ③ 급여일수의 상한제   ④ 비급여제도

09 다음 중 건강보험의 급여 내용 중 현물급여 항목을 모두 고르시오.

① 요양급여	② 장애인 보장구 급여	③ 장제비	④ 요양비
⑤ 상병수당	⑥ 임신출산 진료비	⑦ 건강검진	

10 다음 중 우리나라 의료급여제도의 특징을 모두 고르시오.

① 사회보험방식	② 공공부조방식	③ 국가와 지자체 부담
④ 국민건강보험에서 부담	⑤ 급여기간의 제한 있음	⑥ 본인부담비 지불유형은 정률제임
⑦ 본인부담상한제를 적용함	⑧ 2단계 진료전달체계를 가지고 있음	

11 빈칸에 알맞은 답을 쓰시오.

⑴ 노인장기요양을 신청할 수 있는 대상자는 (㉠_____)세 이상 노인 및 (㉡_____)질환을 가진 자로서 (㉢_____) 가입자와 그 피부양자 및 (㉣_____)이며,

⑵ 노인장기요양보험 수급자는 신청자 중 (㉠_____)에서 장기요양등급을 판정받은 자로서, 등급판정은 (㉡_____) 등급까지와 (㉢_____)등급으로 판정한다.

12 노인장기요양보험의 급여의 종류를 고르시오.

① 재가급여	② 장해급여	③ 유족급여	④ 시설급여	⑤ 특별현금급여	⑥ 요양급여

13 다음 중 적합한 답을 고르시오.

① 방문요양	② 방문목욕	③ 방문간호	④ 주ㆍ야간 보호서비스
⑤ 단기보호서비스	⑥ 기타 재가급여	⑦ 가족요양비	⑧ 특례요양비

⑴ 다음 중 수급자를 하루 중 일정한 시간동안 장기요양기관에서 교육 및 훈련 등을 제공하는 서비스는?
(   )

⑵ 수급자의 일상생활ㆍ신체활동 지원 및 인지기능의 유지ㆍ향상에 필요한 요구를 제공하거나 가정을 방문하여 재활에 관한 지원을 제공하는 서비스는? (   )

⑶ 수급자가 장기요양기관이 아닌 노인요양시설 등의 기관이나 시설에서 장기요양급여를 받은 경우 수급자에게 제공되는 장기요양급여는? (   )

14 노인장기요양보험의 재원조달방식은 (㉠_____), (㉡_____), (㉢_____) 으로 이루어지며, 해당연도의 보험료 예상수입액의 (㉣_____)%에 상당하는 금액을 국고에서 지원하며, 의료급여수급권자의 경우에는 공단이 부담하여야 할 비용 및 관리운영비의 전액을 (㉤_____)와 (㉥_____)가 부담한다.

15 장기요양보험료는 건강보험료와 (㉠_____) 고지하고 (㉡_____) 징수하며, 장기요양보험료와 건강보험료는 각각 (㉢_____)회계로 관리한다.

16 다음 중 장기요양수급자가 시설급여를 제공받을 수 있는 장기요양기관으로 옳은 것은?
① 양로원   ② 노인재가복시시설   ③ 노인요양공동생활가정   ④ 노인요양시설

17 장기요양급여 중 단기보호 및 주야간 보호서비스를 제공할 수 있는 장기요양요원의 범위에 포함되지 않은 인력은?

① 요양보호사	② 치위생사	③ 간호조무사	④ 물리치료사
⑤ 사회복지사	⑥ 작업치료사	⑦ 간호사	

18 인류의 건강권보장을 위한 접근 전략으로 일차보건의료를 채택한 국제회의는?

19 일차보건의료는 제도적으로 지역주민들이 보건의료체계에 (㉠_____) 접하는 관문이며, 기술적으로는 예방과 치료가 통합된 (㉡_____) 보건의료를 의미하며, 전 세계적으로 보건의료전략의 핵심이다.

20 일차보건의료의 요소에 대하여 답하시오.

(1) 일차보건의료의 주요 필수 요소 4가지를 답하시오.

①_____　　　　②_____

③_____　　　　④_____

(2) 일차보건의료는 지역사회의 개발정책의 일환으로 제공되므로 핵심전략이 되는 요소:

(3) 일차보건의료서비스는 그 지역 내에서 실시되어야 하는 것과 관련된 요소:

보건의료체계 4 / 사업 1

01 보건소의 기능 5가지를 서술하시오.

① _____

② _____

③ _____

④ _____

⑤ _____

02 다음 중 「지역보건법」에 의한 기능과 업무 중 지역주민의 건강증진 및 질병 · 예방관리를 위한 지역보건의료서비스에 속하는 것을 모두 고르시오.

① 국민건강증진, 보건교육, 구강건강 및 영양관리사업	② 감염병의 예방 · 관리
③ 의료인 및 의료기관에 대한 지도	④ 방문보건사업
⑤ 장애인의 건강유지 · 증진	⑥ 응급의료에 관한 사항
⑦ 보건에 관한 실험 또는 검사	⑧ 공중위생 및 환경위생

03 빈칸에 알맞은 답을 쓰시오.

(1) ① 보건소(㉠_____)는 (㉡_____)에 1개소를 설치하며, 해당 시 · 군 · 구의 인구가 (㉢_____)명을 초과하는 등 지역주민의 보건의료를 위하여 특별히 필요하다고 인정되는 경우에는 (㉣_____)으로 정하는 기준에 따라 해당 지방자치단체의 (㉤_____)로 보건소를 추가로 설치할 수 있다.

② 보건소를 추가로 설치하려는 경우에는 (㉠_____)은 (㉡_____)과 협의하여야 한다.

③ 보건소장은 시장 · 군수 · 구청장의 지휘 · 감독을 받아 관할 (㉠_____), (㉡_____), (㉢_____)의 직원 및 업무에 대하여 지도 · 감독한다.

(2) 보건지소는 (㉠_____)의 업무수행을 위하여 (㉡_____)마다 1개소씩 설치할 수 있으며, 보건지소장은 (㉢_____)의 지휘 · 감독을 받으며 (㉣_____)의 직원 및 업무에 대하여 지도 · 감독한다.

(3) 건강생활지원센터는 보건소 업무 중에서 특별히 지역주민의 (㉠＿＿＿＿＿＿＿＿) 및 건강한

(㉡＿＿＿＿＿＿＿＿) 형성을 지원하기 위하여 (㉢＿＿＿＿＿＿＿＿)마다 1개소씩 설치할 수 있으며,

건강생활지원센터의 장은 (㉣＿＿＿＿＿＿＿＿)의 지휘 · 감독을 받는다.

04 빈칸에 알맞은 답을 쓰시오.

(1) (㉠＿＿＿＿＿＿＿＿)은 (㉡＿＿＿＿＿＿＿＿)과 협의하여 「지역보건법」에 따른 지역사회 건강실태조사
를 매년 (㉢＿＿＿＿＿＿＿＿)에게 협조를 요청하여 실시한다.

(2) 요청받은 (㉠＿＿＿＿＿＿＿＿)은 매년 (㉡＿＿＿＿＿＿＿＿)를 통하여 건강실태조사를 실시하여야 하며,
건강실태조사의 결과를 (㉢＿＿＿＿＿＿＿＿)에게 통보하여야 한다.

05 다음 중 시 · 도지사, 시 · 군 · 구청장이 보건의료기관 · 단체에 위탁할 수 있는 업무는?

① 지역사회 건강실태조사에 관한 업무

② 감염병의 예방 및 치료에 관한 업무

③ 가정 및 사회복지시설 등을 방문하여 행하는 보건의료사업

④ 지역보건의료계획의 기획 및 평가에 관한 업무

06 빈칸에 알맞은 답을 쓰시오.

(1) 보건진료소는 (㉠＿＿＿＿＿＿＿＿)지역에서 보건진료전담공무원으로 하여금 (㉡＿＿＿＿＿＿＿＿)행위
를 하게 하기 위하여 시장(도농 복합 상태의 시의 시장) 또는 (㉢＿＿＿＿＿＿＿＿)가 설치하는 보건
의료시설로서, 의료취약지역을 인구 (㉣＿＿＿＿＿＿)명 미만을 기준으로 구분한 하나 또는 여러 개의
(㉤＿＿＿＿＿＿＿＿)을 관할구역으로 하여 주민이 편리하게 이용할 수 있는 장소에 설치한다.

(2) 군수 등이 보건진료소를 설치한 때에는 지체없이 (㉠＿＿＿＿＿＿＿＿)를 거쳐 (㉡＿＿＿＿＿＿＿＿)에게
(㉢＿＿＿＿＿＿)하여야 한다.

(3) 보건진료전담공무원은 (㉠＿＿＿＿＿＿＿＿), (㉡＿＿＿＿＿＿＿＿)의 면허를 가진 자로서 보건복지부 장관이
실시하는 (㉢＿＿＿＿＿＿)주 이상의 직무교육을 받은 자로서 (㉣＿＿＿＿＿＿＿＿)이 근무지역을
(㉤＿＿＿＿＿＿＿＿)하여 임용한다.

07 다음 중 보건진료 전담공무원의 의료행위의 범위에 속하는 것은?

① 환경위생 및 영양개선　　② 정상분만 시의 분만개조　　③ 환자의 이송　　④ 모자 보건
⑤ 만성병환자의 요양지도 및 관리　　⑥ 질병예방　　⑦ 예방접종　　⑧ 건강교육 및 지도

08 보건진료소의 운영협의회는 일차보건의료의 원칙 중 어디에 해당되는가?

① 접근성　　　　② 주민참여　　　　③ 수용성　　　　④ 형평성

09 다음 중 시 · 도 지역보건의료계획에만 포함될 내용을 고르시오.

① 지역보건의료계획의 달성목표　　② 의료기관의 병상수급의 수요 · 공급
③ 지역현황과 전망　　④ 지역보건의료와 사회복지사업사이의 연계성 확보 계획
⑤ 전문치료시설의 수요 · 공급　　⑥ 지역보건의료기관 인력의 교육 · 훈련
⑦ 지역보건의료기관과 보건의료 관련기관 · 단체 간의 협력 · 연계
⑧ 취약계층의 건강관리 및 지역주민의 건강상태 격차 해소를 위한 추진계획

10 다음에 적합한 답을 고르시오.

① 시장 · 군수 · 구청장　　② 시 · 도지사　　③ 보건복지부 장관
④ 지방자치단체 장　　⑤ 매년　　⑥ 4년　　⑦ 5년　　⑧ 심의
⑨ 자문　　⑩ 의결　　⑪ 보고　　⑫ 시행연도 1월 31일
⑬ 시행연도 2월 말　　⑭시행연도 다음해 1월 31일　　⑮ 시행연도 다음해 2월 말

(1) 지역보건의료계획의 수립은 (　　　)년 마다 수립하여야 하며, 연차별 계획은 (　　　)마다 수립

(2) 지역보건의료계획의 수립절차는 시, 군, 구의 경우 시장, 군수, 구청장은 해당 시 · 군 · 구 해당위원회의
(　　　)를 거쳐 지역보건의료계획을 수립한 후 해당 시 · 군 · 구 의회에 (　　) 하고, (　　　)에게 제출한다.

(3) 시장 · 군수 · 구청장은 지역보건의료계획을 (　　　)까지, 지역보건의료계획에 따른 시행결과를 (　　　)까지
(　　　)에게 제출하여야 한다.

11 다음 대상자 중 방문건강관리사업 대상자 아닌 대상자는?

① 차상위계층 중 건강행태개선군   ② 다문화가족 중 질환군
③ 북한이탈주민   ④ 기초생활보장수급자 중 질환의심군
⑤ 장기요양 3등급판정자   ⑥ 독거노인 중 허약예방 및 관리가 필요한 자

12 다음은 방문 대상자 군분류에 대한 내용이다. 군별 세부 기준에 맞는 항을 고르시오.

① 북한이탈주민으로 1개 이상이 행태개선이 필요   ② 당화혈색소 7.0% 이상인 경우
③ 수축기혈압이 118이고, 이완기 혈압이 85인 경우   ④ 허약노인 판정점수가 4-12점인 경우
⑤ 관절염, 뇌졸중, 암등록자로 2개 이상의 행태개선이 필요   ⑥ 질환 없고, 1개의 행태개선이 필요

(1) 자기역량지원군에 해당하는 경우는?:

(2) 정기관리군에 해당하는 경우는?:

(3) 집중관리군에 해당하는 경우는?:

13 방문건강관리전담공무원의 자격에 해당되지 않는 사람은?

① 간호조무사   ② 체육지도자   ③ 치과의사   ④ 영양사

14 다음의 가정간호의 업무 범위 중 의사의 처방이 필요한 업무범위가 아닌 것은?

① 체위변경   ② 비위관 교환   ③ 투약   ④ 검사관련 업무
⑤ 도뇨관 삽입   ⑥ 주사   ⑦ 온·냉요법   ⑧ 구강간호

15 가정간호사업의 주요특징에 대하여 답하시오

(1) 가정간호를 실시하는 의료기관의 장은 가정전문간호사를 (_____)명 이상 두어야 한다.

(2) 가정간호는 (㉠_____)나 (㉡_____)가 의료기관 외의 장소에서 계속적인 치료와 관리가 필요하다고 판단하여 (㉢_____)에게 치료나 관리를 (㉣_____)한 자에 대해서 실시하여야 한다.

(3) 가정간호수가체계는 기본방문료는 (㉠_____)수가로 개별행위료는 (㉡_____)수가로 구성되며 건강보험급여 항목으로 본인이 (㉢_____)% 부담하나 단 (㉣_____)는 본인부담금이 없다.

16 통합건강증진사업은 (㉠_____)가 지역사회 주민을 대상으로 실시하는 (㉡_____) 및 (㉢_____) 예방, (㉣_____)의 건강관리를 목적으로 지역 (㉤_____)과 주민 (㉥_____)가 반영된 프로그램과 서비스 등을 기획 · 추진하는 사업이다.

17 통합건강증진사업의 기본방향 중 아래의 개념에 해당되는 특성을 찾아 넣으시오.

(1) 건강증진사업의 통합 및 재편성을 통한 사업의 (_____) 제고

(2) 포괄보조형태로 전환하여 지자체의 (_____) 확대

(3) 성과중심의 평가를 통한 지자체의 (_____)제고

18 보건소 만성병 관리사업에 대한 내용 중 진단기준을 기술하시오.

(1) **고혈압**: 수축기 혈압 (㉠_____) 이상 또는 이완기 혈압 (㉡_____) 이상

(2) **당뇨병**

   a. 공복 시 혈당 (㉠_____)mg/dl 이상

   b. 경구 당부하 검사 (㉡_____)mg/dl 이상

   c. 당화혈색소 검사 (㉢_____)% 이상

(3) **이상지질혈증**

   a. 혈중 콜레스테롤 (㉠_____)mg/dl 이상   b. 중성지질 (㉡_____)mg/dl 이상

   c. HDL (㉢_____)mg/dl 미만   d. LDL (㉣_____)mg/dl 이상

19 대사증후군의 진단기준을 기술하시오.

항목	이상기준	
복부지방(비만)	남	(㉠_____)cm 이상
	여	(㉡_____)cm 이상
혈압	수축기	(㉢_____)mmHg 이상
	이완기	(㉣_____)mmHg 이상
혈당	공복혈당	(㉤_____)mg/dℓ 이상
중성지방		(㉥_____)mg/dℓ 이상
HDL콜레스테롤	남	(㉦_____)mg/dℓ 미만
	여	(㉧_____)mg/dℓ 미만

01 지역사회 중심 재활사업의 필요성으로 옳은 것을 모두 고르시오.

① 산업화, 도시화, 만성질환의 증가로 인한 장애인의 급속한 증가

② 재가 장애인을 위한 시설중심의 재활서비스의 절대적 부족

③ 재가 장애인을 위한 전문적 의료서비스가 절대적으로 필요

④ 의료취약계층장애인에 대한 공공보건사업의 필요성 증가

02 국가 암검진 사업에 관한 적절한 내용을 빈칸에 쓰시오.

	검진대상	검진방법	검진주기
(1) **위암**	(㉠_____)세 이상의 남·여	위장조영검사 및 위내시경	(㉡_____)
(2) **간암**	(㉠_____)세 이상의 남·여 중 간암 발생 고위험군	(㉡_____) 및 혈청알파태아단백	(㉢_____)
(3) **대장암**	(㉠_____)세 이상의 남·여	(㉡_____) 이상 소견 시 대장내시경검사 또는 대장이중조영검사	(㉢_____)
(4) **유방암**	(㉠_____)세 이상의 여성	(㉡_____)	(㉢_____)
(5) **자궁경부암**	(㉠_____)세 이상의 여성	(㉡_____)	(㉢_____)
(6) **폐암**	(㉠_____)세의 남·여 중 폐암 발생 고위험군	저선량CT검사	(㉡_____)

03 사례관리의 원칙에 대하여 답하시오.

(1) 다양하게 분리된 전달체계 내에서 서비스가 중복, 결여되지 않도록 조직적으로 서비스가 제공되도록 하는 것:

(2) 대상자의 다양한 욕구를 충족하기 위해 다양한 서비스가 제공되도록 노력하는 것:

(3) 대상자의 요구는 개인의 특성이나 주어진 환경에 따라 다양하므로 각 대상자별 맞춤형의 서비스가 제공되도록 하는 것:

(4) 사례관리 전 과정에 대하여 책임을 지며, 대상자의 요구변화에 적절히 대처할 수 있도록 자원을 동원하고 변경할 수 있어야 함:

(5) 시간의 경과에 따라 변화하는 대상자의 요구를 충족할 수 있도록 서비스를 제공함:

04 아래의 내용에 적합한 사례관리의 단계를 답하시오.

(1) 대상자를 대신하여 공식적 비공식적 지지체계 연계하고, 서비스제공자와 서비스협상을 하며 대상자를 옹호하는 과정을 포함하는 단계:

(2) 서비스의 지원이 원활하게 제공되고 있는지의 여부와 대상자의 상황변화에 따른 요구의 변화를 지속적으로 감시하고 확인하는 단계:

(3) 대상자와 기관이 서비스제공에 있어 상호간의 적격성 여부를 평가하는 단계:

05 다음 중 현재 우리나라에서 취약계층을 대상으로 부적절한 의료이용자의 합리적인 의료관행을 유도하여 의료재정의 안정화를 도모하고 취약 대상자의 지지체계 구축을 목적으로 시행되고 있는 사례관리사업은?

① 국민건강보험 사례관리사업   ② 보건소 방문건강관리사업

③ 의료급여 사례관리사업   ④ 병원 중심의 가정간호사업

06 다음 중 가족의 특징으로 옳은 것을 모두 고르시오.

① 가족은 공동사회집단이다.	② 가족은 폐쇄체계이다.
③ 가족은 형식적 집단이다.	④ 가족은 개방집단이다.
⑤ 가족은 집단으로 작용한다.	⑥ 가족은 생활주기에 따라 스스로 성장 · 발달한다.

07 가족의 기능 5가지를 열거하시오.

① _____   ② _____   ③ _____

④ _____   ⑤ _____

08 가족간호의 접근 방식 중 가족을 상호작용하는 전체로서 접근하며 가족의 내 · 외적 상호작용에 초점을 둔 접근 방식은?

① 대상자로서의 가족   ② 체계로서의 가족

③ 사회구성원으로서의 가족   ④ 배경으로서의 가족

09 다음의 설명에 적합한 가족간호이론을 고르시오.

① 체계이론	② 구조기능이론	③ 상징적 상호작용이론	④ 발달이론

⑴ 가족 구성원 개인 간의 상호작용 즉 가족의 내적과정에 초점:

⑵ 상호작용의 과정보다 구조 자체와 상호작용의 결과에 초점:

⑶ 가족을 개방체계로 보고, 가족 내 하부체계간의 관계 및 외부체계와의 상호작용을 이해하는 데 초점:

⑷ 가족생활주기의 각 단계별에 따른 가족의 발달과업을 제시:

⑸ 가족은 사회구조의 기본단위로 보고, 거시적 차원에서 가족이 사회통합에 어떻게 기여하는가에 초점:

⑹ 인간은 사물에 대해 의미에 근거하여 행동하며, 이러한 의미는 사회적 상호작용을 통해 만들어지고 공유됨:

⑺ 가족건강을 가족 내 · 외부체계와의 지속적인 상호작용과 교류를 통하여 변화와 안정 간의 균형을 이룬 상태로 정의:

⑻ 가족의 상호작용은 외부관찰로만 설명할 수 없으며, 반드시 가족구성원이 그 상황을 지각하는 방식으로 이해:

⑼ 가족에서의 사건은 직선적 관계가 아닌 순환적 관계로 분석:

⑽ 가족의 변화는 가족 외부의 힘보다는 가족 구성원의 상호작용의 산물로 봄:

⑾ 가족은 사회체계의 단위로 사회체계에서 부여되는 지위에 따른 역할을 수행함:

⑿ 한 가족구성원의 질병발생은 가족 전체에게 영향을 미침:

⒀ 가족구성원 간의 다양한 내적 관계뿐만 아니라 가족과 더 큰 사회와의 관계를 강조함:

01 다음의 발달과업에 적합한 발달단계를 고르시오(Duvall의 가족생활주기 이론을 중심으로).

① 신혼기	② 출산기	③ 학령전기	④ 학령기
⑤ 10대 가족	⑥ 진수기 가족	⑦ 중년기	⑧ 노년기 가족

⑴ 자녀의 출가에 따른 부모의 역할 적응:

⑵ 자녀의 사회화교육 및 영양관리:

⑶ 밀접한 부부관계의 유지:

⑷ 출가한 자녀 가족과의 유대관계 유지:

⑸ 가족 내 규칙과 규범의 확립:

⑹ 자녀들의 성문제 대처 및 세대 간의 충동에 대한 대처:

⑺ 배우자 상실 및 은퇴에 대한 대처:

⑻ 부모의 역할과 기능습득:

02 다음의 내용에 적합한 가족사정도구를 고르시오.

① 가족구조도	② 가족 밀착도	③ 외부체계도
④ 사회지지도	⑤ 가족연대기	⑥ 생의 변화질문지

⑴ 가족 내 가장 취약한 가구원을 중심으로 가족 내뿐만 아니라 외부와의 상호작용을 보여준다. (   )

⑵ 가족을 둘러싸고 있는 다양한 외부체계와 가족구성원과의 관계를 그림으로 나타낸다. (   )

⑶ 가족구성원들 간의 밀착관계와 상호관계를 이해하는 데 도움이 된다. (   )

⑷ 3세대 이상에 걸친 가족구성원에 관한 정보와 관계를 나타낸다. (   )

⑸ 가정, 지역사회에서 복합적인 스트레스를 경험하는 개인을 파악하는 데 유용하다. (   )

03 다음 중 맞는 내용의 항을 모두 고르시오.

① 가족사정시 복합적인 정보를 수집하기 위하여 가족전체보다는 취약가구원에 초점을 맞추어 접근한다.

② 간호계획 시 가족이 참여하여 가능한 한 스스로 문제를 해결하도록 한다.

③ 가족간호 시 간호를 제공하기 전에 구체적 목표, 책임과 역할 등을 구체적으로 명시하여 대상자와 동반자적 관계에서 간호를 수행하는 활동은 계약이다.

④ 가족간호 수행 시 내재화된 문제보다는 표면화된 문제를 중심으로 수행한다.

⑤ 만성질환자 가족간호 시 가족의 역할부담감이 커지므로 가족의 역할의 재조정이 매우 중요하다.

⑥ 가족간호 사정 시 가족의 문제와 취약점을 중심으로 사정한다.

⑦ 사정자료 자체는 가족 문제의 원인이다.

⑧ 가족의 문제는 도미노 현상을 가지고 있으므로 도미노의 첫 단계가 무엇인지 파악하여 중재를 시작한다.

04 아래에 적합한 취약가족의 유형을 기술하시오.

① 만성질환자 가족 ② 미숙아 가족 ③ 이혼가족 ④ 새싹 가족 ⑤ 저소득 가족

⑥ 폭력 가족 ⑦ 미혼모 가족 ⑧ 편부모 가족 ⑨ 장애자 가족 ⑩ 알코올 중독 가족

(1) 구조적으로 취약한 가족:

(2) 발달단계가 취약한 가족:

(3) 상호작용이 취약한 가족:

(4) 기능적으로 취약한 가족:

05 우리나라 다문화가족의 지원체계 중 다문화가족이 지역사회에 적응하고 독립적인 생활을 영위할 수 있도록 포괄적인 서비스를 제공하는 기관은?

06 다음 중 우리나라 노인인구의 지표변화로 옳은 것을 모두 고르시오.

① 현재 우리나라 인구구조는 종형에서 항아리형 구조로 변화하였다.

② 우리나라는 2018년 고령화사회로 진입하였다.

③ 여성노인인구의 증가로 노인인구의 성비는 고령화될수록 감소하고 있다

④ 노령화지수와 노년부양비 증가하고 총부양비는 감소하고 있다.

⑤ 독거노인의 가구와 기초생활수급자가 증가하고 있다

07 노인의 건강수준을 평가하는 건강지표로 가장 의미있는 지표는?

08 다음 중 노인복지시설을 이용할 수 있는 대상자의 조건을 고르시오.

① 일상생활에 지장이 없는 자

② 노인성질환 등으로 요양이 필요한 자

③ 장기요양급여수급자

④ 「기초생활보장법」에 의한 생계급여수급자 및 의료급여수급자로서 65세 이상인 자

⑤ 부양의무자로부터 적절한 부양을 받지 못하는 65세 이상인 자

⑥ 심신이 허약하거나 장애가 있는 65세 이상의 자

(1) 노인주거복지시설: (   )로서 (   ) 중 하나에 해당되는 자

(2) 노인의료복지시설: (   )로서 (   ) 중 하나에 해당되는 자

(3) 재가노인복지시설: (   ) 중 하나에 해당되는 자

09 다음 중 우리나라 치매관리사업의 내용으로 옳은 것을 모두 고르시오.

① 보건소 치매관리사업으로 만 60세 이상 노인을 대상으로 1년마다 치매 선별검사를 실시한다.

② 치매안심센터를 설치하여 지역의 치매환자 및 가족에 대한 통합적 서비스를 연계, 제공한다.

③ 저소득층에 대하여 치매의료비지원 사업을 수행한다.

④ 치매검진은 감별검사와 정밀검사로 구분되며, 저소득층에 대하여 정밀검사비를 지원한다.

⑤ 노인장기요양등급에 인지지원등급을 신설하여 치매환자로서 장기요양인정점수가 50점 미만의 대상자에게 장기요양서비스를 제공한다.

10 Lalonde 보고서의 건강결정요인 중 건강에 가장 많은 영향을 미치는 건강결정요인은?

① 물리적 환경　　　　　　② 보건의료서비스　　　　　③ 생활양식

④ 생물학적 요인　　　　　⑤ 사회경제적 환경

11 오타와헌장의 3대 건강증진 원칙은?

① _____ ② _____ ③ _____

12 오타와헌장의 5대 활동영역은?

① _____ ② _____

③ _____ ④ _____

⑤ _____

13 제9차 국제건강증진대회에서 논의한 지속가능개발 목표를 성취하기 위한 건강증진의 역할을 강조하면서 WHO가 제시한 건강을 증진하고 지속가능한 발전을 도모하기 위하여 제시한 3대 축은?

① _____ ② _____ ③ _____

건강증진 2

01 다음은 건강신념모델에 관한 설명이다. 맞는 개념을 고르시오.

① 지각된 위협성	② 자기효능감	③ 지각된 유익성	④ 행위의 계기
⑤ 지각된 민감성	⑥ 지각된 심각성	⑦ 지각된 장애성	

⑴ 개인이 어떤 질병에 걸릴 가능성에 대해 지각하고 있는 정도:

⑵ 사람들로 하여금 특정행위를 하도록 촉진 또는 자극이 되는 요인:

⑶ 개인이 특정행위를 하는데 있어서 부딪치게 되는 어려움에 대한 지각 정도:

⑷ 개인이 특정 질병으로 인한 결과에 대하여 지각하고 있는 정도:

02 다음은 Pender의 건강증진모형에 관한 내용이다. 맞는 개념을 고르시오

① 자기 효능감	② 갈등적 선호성	③ 지각된 장애	④ 행동과 관련된 정서
⑤ 지각된 이익	⑥ 이전의 관련된 행위	⑦ 행동계획의 수립	⑧ 개인적 특성

⑴ 수행을 확실하게 성취할 수 있는 개인의 능력에 대한 판단:

⑵ 특정행위에 대한 개인이 기대하는 이익이나 긍정적 결과:

⑶ 행위에 대해 갖게 되는 주관적인 느낌으로 행위의 반복에 영향을 주는 요인:

⑷ 위 내용 중 간호중재의 핵심이 되는 인지 및 정서요인:

03 PRECEDE-PROCEED 모형의 8단계를 순서대로 제시하시오.

①_____ ②_____ ③_____

④_____ ⑤_____ ⑥_____

⑦_____ ⑧_____

04 다음은 PRECEDE-PROCEED 모델에 관한 내용이다. 맞는 개념은?

① 성향요인	② 촉진요인	③ 강화요인	④ 과정평가	⑤ 영향평가	⑥ 결과평가

(1) 개인이나 조직의 건강행위 수행을 가능하게 도와주는 요인은? (   )

(2) 대상행위와 성향요인, 강화요인, 촉진요인 그리고 행위에 영향을 미치는 환경요인에 대한 즉각적인 효과를 평가하는 평가는? (   )

(3) 친구의 반응, 의료인의 피드백, 동료, 가족의 영향과 같이 행위를 지속하거나 없어지게 하는 요인은? (   )

(4) 행위의 근거나 동기를 제공하는 인지, 정서적 요인은? (   )

05 PRECEDE-PROCEED 모델의 진단과정 중 확인된 건강문제와 원인적으로 연관된 건강관련 행위와 환경요인을 규명하는 진단단계는?   (   ) 단계

06 빈칸에 적합한 용어를 쓰시오.

(1) 합리적 행위이론은 인간의 행위는 의지의 조절하에 있으므로 (㉠_____)를 파악함으로써 행위를 예측하는 이론이다. 이러한 (㉡_____)는 (㉢_____)와 (㉣_____)에 의하여 결정 된다.

(2) 계획된 행위이론은 합리적 행위이론에 (㉠_____) 개념을 추가한 이론이다. 이는 특정행위를 수행하는데 있어서 (㉡_____)이나 (㉢_____)에 대한 개인의 지각정도를 의미한다.

(3) 반두라(Bandura)의 사회인지이론 중 행위에 영향을 미치는 개인적 요소는 어떤 행동으로 특정 결과가 초래될 것이라는 개인의 기대를 의미하는 (㉠_____)와 어떤 행동을 자신이 해낼 수 있는가에 대한 개인의 판단을 의미하는 (㉡_____)을 강조하고 있다.

07 범이론적 모형의 변화 단계에 관한 내용이다. 맞는 단계를 고르시오.

① 계획전 단계	② 계획단계	③ 준비단계	④ 행동단계	⑤ 유지단계

(1) 금연일 정하기, 금연선서식 준비, 다양한 금연전략에 대한 정보를 제공하는 단계:

(2) 문제를 인식하고 변화를 생각하지만 행동으로 옮기지 않는 시기로, 행위변화로 인한 이익과 장애를 고려하여 변화하고자 하는 의도를 가진 단계:

(3) 금연을 시작한지 3개월이 지난 단계:

(4) 금연의 유해성에 대한 정보를 제공으로 금연동기를 부여하는 단계:

(5) 유혹의 조절, 긴장완화훈련, 보상, 충동다스리기 등의 방안이 요구되는 단계:

08 범이론적 모형의 변화과정 중 행동적 변화과정에서 사용되는 중재전략은?

① 자기해방	② 환경 재평가	③ 의식고취	④ 조력관계	⑤ 강화관리
⑥ 사회적 해방	⑦ 자기 재평가	⑧ 역조건화	⑨ 극적 해소	⑩ 자극통제

09 범이론적 모형의 변화과정 중 계획단계에서 준비단계로 이동할 때 자신의 가치관과 신념에 따라 자신의 행동을 인지적, 정서적으로 재평가하는 변화과정은?

① 자기재평가　② 환경 재평가　③ 의식고취　④ 사회적 해방　⑤ 자기해방

10 다음은 제5차 건강증진종합계획(Health Plan 2030)에 관한 내용이다.

(1) HP2030의 목표는? (㉠＿＿＿＿＿＿＿＿＿), (㉡＿＿＿＿＿＿＿＿)

(2) HP2030의 6개 중점 사업분야를 기술하시오.

　①＿＿＿＿＿＿＿　②＿＿＿＿＿＿＿　③＿＿＿＿＿＿＿

　④＿＿＿＿＿＿＿　⑤＿＿＿＿＿＿＿　⑥＿＿＿＿＿＿＿

(3) 다음 중 HP2030의 대표 평가지표가 아닌 것은?

　① 암사망률　　② 당뇨병 유병률　　③ 자살 사망률

　④ 모성사망비　　⑤ 노인활동 장애율

11 아래의 〈보기〉에서 고르시오.

〈보기〉
① 금연 ② 자살예방 ③ 건강정보 이해력 제고 ④ 기후변화성 질환 ⑤ 비만
⑥ 치매 ⑦ 암 ⑧ 중독 ⑨ 구강건강 ⑩ 지역사회 정신건강
⑪ 신체활동 ⑫ 절주 ⑬ 심뇌혈관질환 ⑭ 손상 ⑮ 영양

(1) 건강생활실천사업의 중점과제(5개)를 모두 고르시오. (　 ,　 ,　 ,　 ,　)

(2) 비감염성 질환 예방관리사업의 중점과제(4개)를 모두 고르시오. (　 ,　 ,　 ,　)

(3) 건강친화적 환경구축 사업의 중점과제 중 최근 건강의 핵심적 결정요인으로 인식되는 과제는? (　)

12 건강도시란 지역사회의 (㉠＿＿＿＿＿＿＿＿)을 지속적으로 개선하고 창출하며, 지역사회의 자원을 증대함으로써 도시구성원들이 개개인의 능력을 모두 발휘하고 잠재능력을 개발하여 서로 상부상조 할 수 있는 도시로서, 시민들의 건강과 안녕을 (㉡＿＿＿＿＿＿＿＿)과정의 중심에 두고, 시민의 건강과 삶의 질을 향상하기 위하여 지속적으로 (㉢＿＿＿＿＿＿)해 나가는 도시이다.

01 다음의 학습원리에 해당되는 학습이론을 고르시오.

① 행동주의	②인지주의	③인본주의	④ 구성주의

⑴ 각 사람들의 학습유형은 다양하다. (   )

⑵ 정보자료를 조직화하면 학습을 증진시킨다. (   )

⑶ 학습은 외적 위협이나 지시가 감소될 때 촉진된다. (   )

⑷ 학습이 유의미하기 위해서 실제적 과제와 맥락을 강조한다. (   )

⑸ 인간은 자아 실현적 존재로서 능동적이고 적극적인 존재다. (   )

⑹ 반복은 학습을 증가시킨다. (   )

⑺ 정보를 관련지움으로써 학습을 증가시킨다. (   )

⑻ 강화와 즉각적인 회환은 학습을 향상시킨다. (   )

⑼ 새로이 학습한 내용을 다양한 상황에 적용해 보는 것은 그 학습의 일반화를 도와준다. (   )

⑽ 교사는 학습자의 흥미를 유발하고, 지속적인 피드백과 지지를 통해서 학습자의 의미구성 과정을 촉진한다.
(   )

⑾ 새로운 자료는 제시할 때에는 하위과제에서 상위과제 순으로 간격을 두고 제시한다. (   )

⑿ 복합적이고 역동적인 문제나 상황을 제시함으로써 학습이 일어나는 환경을 제공한다. (   )

⒀ 학습은 교육내용이 학습자에게 관련성이 깊을 때 유의미하며, 더 빠르게 이루어진다. (   )

⒁ 연습은 정보의 저장에 영향을 주며, 분산된 연습이 저장에 효과적이다. (   )

⒂ 학습자가 학습을 주도하고, 교수자는 학습자 스스로 동기화되도록 조력해 주는 역할을 할 때 학습효과가
증대한다. (   )

⒃ 실제문제를 해결할 수 있도록 실제상황과 유사한 맥락을 제공해야 한다. (   )

02 보건교육계획과정을 기술하시오. (→   →   →   →   →   →   )

① 교육방법의 선정	② 교육내용의 선정 및 조직	③ 평가 계획	④ 교육매체 선정
⑤ 교육요구 사정	⑥ 보건교육 계획안 작성	⑦ 학습목표 설정	

03 Bradshaw의 교육요구 유형 중 적절한 답을 고르시오.

① 규범적 요구	② 내면적 요구	③ 외향적 요구	④ 상대적 요구

(1) 학습자의 내면적 요구에서 비롯되어 말이나 행동으로 나타난 요구 (   )

(2) 보건의료전문가에 의해 정의되는 요구 (   )

04 학습자의 준비성을 사정하는 4가지 요소(PEEK) 중 적절한 답을 고르시오.

① 신체적 준비도	② 정서적 준비도	③ 경험적 준비도	④ 지식적 준비도

(1) 학습자의 내외적 동기, 지지체계, 불안수준, 발달단계 등을 사정하는 요소 (   )

(2) 학습자의 배경, 기술, 태도, 과거 대처기전, 성공경험, 학습경험 등을 사정하는 요소 (   )

05 "고혈압 대상자들은 10가지 고혈압식이요법 중 <u>4가지</u>를 설명할 수 있다."를 학습목표로 설정하였다, 다음 중 밑줄 친 부분에 해당하는 학습목표의 구성요소는?

① 기준   ② 내용   ③ 조건   ④ 행동

06 학습목표의 영역별 단계이다. 적절한 답을 고르시오.

① 분석	② 기계화	③ 가치화	④ 태세	⑤ 지식	⑥ 인격화	⑦ 적응
⑧ 적용	⑨ 감수	⑩ 지각	⑪ 평가	⑫ 복합외적반응		⑬ 창조
⑭ 조직화	⑮ 종합	⑯ 안내에 따른 반응		⑰ 반응	⑱ 이해	

(1) 인지적 영역의 지적 행위의 복합성에 따른 수준(6가지)을 순서대로 나열하시오.

(–   –   –   –   –   )

(2) 정의적 영역의 내면화 정도에 따른 수준(5가지)을 순서대로 나열하시오.

(–   –   –   –   )

(3) 심동적 영역의 행동의 복합성에 따른 수준(7가지)을 순서대로 나열하시오.

(–   –   –   –   –   –   )

07 교육내용의 조직 원리 중 학습내용의 위계적, 순차적 반복을 통한 누적학습을 의미하는 원리는?

① 계열성의 원리   ② 균형성의 원리   ③ 통합성의 원리   ④ 계속성의 원리

08 다음은 보건교육의 수행단계이다. 해당되는 단계의 활동에 답하시오.

① 연습을 통한 강화 및 일반화	② 다양한 학습방법 및 매체 사용	
③ 학습자의 참여 유도	④ 학습목표 제시	⑤ 보충자료 제시
⑥ 학습평가	⑦ 과거 학습경험과 연결하기	⑧ 동기유발

(1) 도입단계:　　　　　　(2) 전개단계:　　　　　　(3) 정리단계:

09 다음의 내용에 맞는 평가를 고르시오.

① 진단평가	② 형성평가	③ 총합평가	④ 과정평가
⑤ 영향평가	⑥ 성과평가	⑦ 절대평가	⑧ 상대평가

(1) 프로그램에 투입된 결과로 단기적으로 나타나는 결과의 평가:

(2) 미리 도달해야할 목표 기준을 설정하고, 교육 후 목표에 도달여부를 평가:

(3) 학습의 중복을 피하고 학습곤란에 대한 사전대책을 수립이 목적인 평가:

10 다음의 내용과 맞는 교육방법을 고르시오.

① 강의	② 집단토론	③ 분단토의	④ 배심토의	⑤ 세미나	⑥ 심포지엄
⑦ 상담	⑧ 브레인 스토밍		⑨ 시범	⑩ 프로젝트 학습법	
⑪ 문제해결 학습법		⑫ 모의실험극			

(1) 어떤 문제든지 토론의 주제가 될 수 있으며, 짧은 시간에 많은 아이디어를 낼 수 있다:

(2) 전문성을 높이는 데 가장 효과적인 학습법으로 소수집단형태로만 가능하다:

(3) 자신의 문제를 인식하고, 스스로 문제해결 방안을 찾도록 도와주는 개별교육방법:

(4) 참가인원이 많을 때 사용되며, 문제를 다각도로 볼 수 있고, 전체의견을 반영하고자 할 때 사용하는 학습법:

(5) 학습자에게 학습목표를 제시하여, 대상자 스스로 목표달성을 위해 계획, 자료수집, 수행을 하게 함으로써 스스로 지식, 태도, 기술 등 포괄적으로 습득하게 하는 학습법:

(6) 집단구성원이 폭넓은 문제를 토의할 때 유용하며, 주제에 대한 밀도 있는 접근이 가능하다:

(7) 학습내용을 실무에 즉시 적용 가능하며, 교육수준, 경험과 상관없이 목표도달이 용이함:

(8) 실제 현장과 같은 여건 하에서 안전하게 빠르게 현실을 경험할 수 있으며, 실제에서 유발할 수 있는 위험부담이나 윤리적 문제 없이 학습이 가능한 학습법:

(9) 어떤 제한된 특정 주제에 대한 다각도의 생각과 미래를 전망할 수 있는 능력과 타인의 의견을 듣고 비판하는 능력이 함양되며, 청중은 토론내용을 이해할 수 있는 기본지식이 요구되는 학습법:

01 다음의 내용에 맞는 교육매체를 고르시오.

① 실물 환등기	② 실물	③ 슬라이드	④ 모형	⑤ 투시물 환등기
⑥ 융판	⑦ 비디오	⑧ 유인물	⑨ 방송	⑩ 벽보

⑴ 저학년에 적합하며, 제작이 간편하고 단계적인 그림제시로 흥미유발 및 이해가 쉽다. (   )

⑵ 실물이나 실제상황을 활용할 때와 비슷한 효과를 얻을 수 있다. (   )

⑶ 불투명한 자료를 실물모양으로 보여줄 수 있으나 암막장치가 필요하다. (   )

⑷ 교육 후 실생활에 즉시 적용가능하다. (   )

⑸ 대상자가 보관하면서 필요시 볼 수 있으며 많은 내용을 조직적으로 볼 수 있다. (   )

⑹ 가장 빠르게 많은 대상자에게 전달 가능하여 감염병 발생 시 많이 이용하는 매체이다. (   )

⑺ 실물이나 모형으로 보여줄 수 없는 것을 확대하여 보여줄 수 있으며, 제작 기술이 필요하다. (   )

⑻ 시공간의 제한을 덜 받으며, 움직이는 전체과정을 연속적으로 보여주어 이해와 실천이 가능하다. (   )

⑼ 시각적 효과로 많은 주민에게 전파 흥미유발 가능하나, 적절한 장소와 시설이 필요하다. (   )

02-1 역학의 조사단계를 순서대로 나열하시오.   (–   –   –   –   –   –   –   )

① 관리 및 예방 대책의 수립	② 결과 평가	③ 진단의 확인	④ 유행의 특성 기술
⑤ 가설의 설정 및 검정	⑥ 중재활동	⑦ 보고서 작성	⑧ 유행의 확인

02-1 다음의 내용에 적합한 역학 조사단계는?

⑴ 진단으로 확인된 환자 수가 과거 동일한 시기에 발생했던 수 이상의 수인 유행적 발생수준인지 유행규모를 파악해야 한다. (   )

⑵ 수집, 분석한 자료를 토대로 숙주의 공통된 요인과 폭로된 환경에 대하여 요약, 정리하여 가능성이 높은 감염원과 감염경로를 설정하여 원인을 규명한다. (   )

⑶ 문제의 인식시점부터 관리의 효과까지 얻은 내용을 명료하게 작성해야 한다. (   )

⑷ 진단을 확인하고 유행을 확인하면서 필요한 자료를 수집, 분석하여 인적, 지역별, 시간별 역학적 특성을 분석하여 기술한다. (   )

03 질병의 자연사 단계를 예방수준별로 분류하시오.

| ① 불현성 감염기 | ② 초기병원성기 | ③ 비병원성기 | ④ 발현성 감염기 | ⑤ 회복기 |

⑴ 1차 예방:　　　　　　　⑵ 2차 예방:　　　　　　　⑶ 3차 예방:

⑷ 병원체의 숙주에 대한 자극이 시작되는 시기로 숙주의 면역강화로 인한 질병에 대한 저항력 증진이 요구되는 시기:

⑸ 질병의 진전을 막고, 합병증이나 후유증을 예방하기 위한 시기:

⑹ 잔여능력을 최대화하기 위한 재교육 및 재훈련을 제공하는 시기:

04 다음의 지표에 적합한 답을 넣으시오.

⑴ 감염력 = (㉠＿＿＿＿＿＿) 수 + (㉡＿＿＿＿＿＿) 수 / (㉢＿＿＿＿＿＿) 수

⑵ 병원력 = (㉠＿＿＿＿＿＿) 수 / (㉡＿＿＿＿＿＿) 수

⑶ 치명률 = (㉠＿＿＿＿＿＿) 수 / (㉡＿＿＿＿＿＿) 수

⑷ 독력 = (㉠＿＿＿＿＿＿) 수 + (㉡＿＿＿＿＿＿) 수 / (㉢＿＿＿＿＿＿) 수

05 다음의 설명에 적합한 질병발생의 역학적 모형은?

⑴ 질병발생을 많은 원인요소에 의한 것임을 설명하고, 그 발생 경로를 표시함으로서 질병예방대책 수립에 효과적인 모형　(　　　　　　　　　　)

⑵ 질병발생을 병원체, 숙주, 환경의 상호관계를 저울에 비유한 모형으로 감염성 질환의 발생 설명에 유효한 모형　(　　　　　　　　　　)

⑶ 질병의 발생을 환경과 숙주의 상호작용결과로 설명하는 모형으로 질병의 종류에 따라 각 구분의 크기를 다르게 표현함으로써 질병발생의 다요인적 병인을 강조한 모형　(　　　　　　　　　　)

06 다음에 적합한 용어로 답하시오.

> ① 유병률   ② 표준화율   ③ 누적 발생률(발생률)   ④ 평균발생률   ⑤ 발병률   ⑥ 2차 발병률

(1) (　　　　) = (특정 시점에서의 환자 수 / 특정 시점에서의 인구 수) X 1000

(2) (　　　　) = (일정 기간 동안에 새로 발생한 환자 수 / 일정기간 내의 감수성자) X 1000

(3) (　　　　) = (일정 기간 동안에 새로 발생한 환자 수 / 관찰대상자의 총 관찰기간) X 1000

(4) (　　　　) = (환자와의 접촉으로 인해 이차적으로 발병한 환자 수 / 환자와 접촉한 감수성자) X 100

(5) (　　　　) = (유행기간 동안에 새로 발생한 환자 수 / 유행기간 내의 감수성자) X 1000

(6) 인구구성의 차이에 의한 영향을 배제하여 집단 간의 차이를 비교할 때 적용하는 지표는? (　　　　)

(7) 병원체의 감염력과 전염력을 간접적으로 측정하는데 유용한 지표는? (　　　　)

(8) 질병관리에 필요한 인력 및 자원 소요정도를 추정할 수 있으므로 만성질환관리를 위한 계획의 수립에 유용한 지표는? (　　　　)

(9) 질병발생확률을 의미하므로 질병원인을 규명하는 연구에서 가장 유용한 지표는? (　　　　)

07 빈칸에 알맞은 답을 쓰시오.

(1) 급성질환의 경우 발생률과 유병률은 거의 같다. 단 치명률이 높은 질병의 경우 오히려 (㉠_____)보다 (㉡_____)이 더 높을 수 있다.

(2) 만성질환의 경우 (㉠_____)에 비해 (㉡_____)이 더 높다.

08-1 다음 중 역학조사 시 원인적 연관성의 확정조건으로 옳은 것은?

> ① 시제의 속발   ② 통계적 연관성   ③ 연관성의 보편성   ④ 실험적 입증
> ⑤ 기존지식과의 차별성   ⑥ 연구결과의 일관성   ⑦ 용량-반응관계

08-2 다음의 내용에 해당하는 원인적 연관성의 확정조건은?

(1) 어떤 요인이 특정질병에는 관련성을 보이나 다른 질병에는 관련성을 보이지 않는 경우 원인적 연관성이 크다:

(2) 비교위험도, 교차비 등으로 측정이 가능하며, 그 값이 클수록 원인적 연관성이 크다:

(3) 질병의 원인이 되는 요인의 노출량이 많거나 노출기간이 길 때 질병발생률이나 유병률이 증가한다면 원인적 연관성이 크다:

(4) 인위적 실험으로 특정요인에 노출될 때 질병발생이 확인되거나, 요인을 제거하면 질병발생이 감소한다면 인과성을 확보할 수 있다:

09 다음의 설명에 적합한 연구설계를 고르시오.

① 단면적 연구	② 환자-대조군 연구	③ 코호트 연구	④ 생태학적 연구	⑤ 실험연구

⑴ 원인-결과 관계가 비교적 명확하며 상대위험비를 구할 수 있다: (   )

⑵ 한 시점에서 인구집단을 대상으로 분석하며, 기존자료를 이용하여 인구집단의 평균적인 속성 간의 상관성을 보는 연구방법: (   )

⑶ 희귀한 질병 및 잠복기가 긴 질병 연구에 효과적이며 교차비를 구할 수 있다: (   )

⑷ 비교적 단시간에 결과를 얻을 수 있으며, 일명 유병률조사 연구라고도 한다: (   )

⑸ 인과관계를 가장 정확하게 확인할 수 있으나 윤리적 문제로 사용이 제한적이다: (   )

⑹ 질병발생 전 과정의 관찰이 가능하며, 높은 탈락률로 인하여 표본수가 커야 한다: (   )

⑺ 건강한 지역주민 중 고혈압을 가진 사람과 혈압이 정상인 사람을 대상으로 일정한 기간이 경과한 후 뇌졸중 발생과의 관계를 알아보고자 하는 연구: (   )

⑻ 고지혈증을 가진 사람과 고지혈증이 아닌 사람을 대상으로 과거 운동습관과 고지혈증과의 관계를 알아 보기 위한 연구: (   )

10 다음의 예제에 따른 역학적 지표를 계산하시오.

	폐암 있음	폐암 없음	총합
흡연함	100	50	150
흡연하지 않음	50	100	150
총합	150	150	300

⑴ 교차비를 구하시오. (   )

⑵ 상대위험비를 구하시오. (   )

⑶ 백분율 기여위험도를 구하시오. (   )%

11 실험역학은 가설을 검정하기 위하여 실험적 방법 즉 실험군과 (㉠_____)을
(㉡_____)로 선정하여 (㉢_____)의 효과를 비교하는 역학적 연구방법이다.

12 실험연구의 경우 실험결과에 영향을 주는 편향(vias)을 줄이기 위하여 연구대상자와 실험자 모두에게 누가 실험군인지 누가 대조군인지 모르도록 하는 것을 (_____)이라고 한다.

01 다음의 문항에 적합한 답을 고르시오.

| ① 불현성감염 | ② 잠재감염 | ③ 잠재기 | ④ 전염기 | ⑤ 잠복기 | ⑥ 세대기 |

⑴ 병원체가 숙주에 증상을 일으키지 않으면서 숙주 내에 지속적으로 존재하는 상태로 병원체와 숙주가 평형을 이루는 상태:

⑵ 잠재기가 끝나 병원체를 체외로 내보는 시기:

⑶ 병원체가 숙주에 침입하여 표적장기로 이동하여 증식하는 시기로 병원체가 인체 내 머무르는 시기:

⑷ 병원체가 숙주에 침입한 시간부터 질환에 대한 증상과 징후가 생기기 전까지의 시기:

⑸ 병원체의 침입으로부터 균 배출이 가장 많아 전염력이 가장 높은 시점까지의 기간:

⑹ 감염되었음에도 불구하고 임상증상을 나타내지 않는 감염상태:

02 다음의 문항에 적합한 답을 하시오.

⑴ (＿＿＿＿＿＿＿)이란 지역사회 또는 집단에 특정감염병 전파에 대한 집단의 저항수준을 의미한다.

⑵ (㉠＿＿＿＿＿＿＿＿＿＿)란 어떤 집단의 모든 인구가 (㉡＿＿＿＿＿＿＿)이 있다고 가정할 때 한명의 감염환자가 감염가능기간 동안 (㉢＿＿＿＿＿＿)감염시키는 평균인원수를 의미한다.

⑶ 기본감염재생산수 또는 감염재생산수가 (＿＿＿)보다 작아지면 유행은 종식된다.

⑷ (㉠＿＿＿＿＿＿)란 질병의 유행이 일어나는 집단면역의 한계치를 의미하며, 집단면역수준이 한계밀도보다 높으면 유행이 (㉡＿＿＿＿＿)된다.

03 「검역법」에 따른 검역대상 감염병과 격리기간을 답하시오.

①＿＿＿＿＿＿＿（　　일）　②＿＿＿＿＿＿＿（　　일）　③＿＿＿＿＿＿＿（　　일）

④＿＿＿＿＿＿＿（　　일）　⑤＿＿＿＿＿＿＿（　　일）　⑥＿＿＿＿＿＿＿（　　일）

⑦＿＿＿＿＿＿＿（　　일）　⑧＿＿＿＿＿＿＿（　　일）

04 아래의 문항에 적합한 답을 고르시오.

① 폐렴구균	② 홍역	③ 유행선 이하선염	④ 디프테리아	⑤수두
⑥ B형 간염	⑦ 풍진	⑧ 결핵	⑨ 신증후군 출혈열	⑩ 일본뇌염

(1) 약독화 생백신을 모두 고르시오. (   )

(2) 공기전파 감염병을 모두 고르시오.(   )

05 필수예방접종 대상 감염병(19종)을 나열하시오.

(1) 제1급감염병 중 1종:

(2) 제2급감염병 중 10종:

(3) 제3급감염병 중 3종:

(4) 제4급감염병 중 3종:

(5) 질병관리청장 지정감염병 2종:

06 아래 내용에 답하시오.

(1) 그 발생을 계속 감시할 필요가 있는 법정 감염병은 제(____)급 감염병이다.

(2) 생물테러감염병 또는 치명률이 높거나 집단발생의 우려가 커서 (㉠_____)와 같은 높은 수준의 (㉡_____)가 필요한 감염병은 제(㉢____)급 감염병이다.

(3) 전파가능성을 고려하여 (㉠_____)가 필요한 감염병은 제(㉡____)급 감염병이다.

(4) 발생 또는 유행 시 (㉠_____) 신고해야 하는 감염병은 제1급 감염병이고, (㉡_____) 내 신고해야 하는 감염병은 제2급과 제3급 감염병이다.

(5) 표본감시대상 감염병은 제(㉠____)급감염병이고, (㉡_____) 이내 신고해야 한다.

(6) (_____)란 감염병환자 등과 접촉하거나 접촉이 의심이 의심되는 사람이나 검역법에 따른 검역관리지역 등에 체류하거나 경우한 사람으로 감염이 우려되는 사람, 감염병병원체 등에 노출되어 감염이 우려되는 사람에 해당하는 자이다.

(7) 감염병환자 등이란 (㉠_____), (㉡_____), (㉢_____)를 말한다.

07 감염병 발생의 신고 · 보고체계에 관하여 답하시오.

① 시 · 군 · 구청장   ② 시 · 도지사   ③ 질병관리청장   ④ 보건소장   ⑤ 의료기관 장
⑥ 소속부대장   ⑦ 감염병병원체 확인기관의 장   ⑧ 표본감시기관   ⑨ 그 밖의 신고자
⑩ 의료기관에 소속되지 않은 의사, 치과의사, 한의사   ⑪ 보건복지부장관

⑴ 감염병 발생 신고를 받은 보건소장은 그 내용을 관할 특별자치시장 · 특별자치도지사 또는 (   )에게 보고
   하여야 하며, 보고를 받은 특별자치시장 · 특별자치도지사는 (   )에게, (   )은 (   )와 (   )
   에게 각각 보고하여야 한다.

⑵ 감염병 발생 시 보건소장 또는 질병관리청장에게 신고해야할 신고의무자는? (   )

⑶ 감염병 발생 시 보건소장에게만 신고해야할 신고의무자는? (   )

⑷ 감염병 발생 시 의사나 치과의사 또는 한의사의 진단이나 검안을 요구하거나 또는 해당 보건소장에게 신
   고해야 하는 신고의무자는? (   )

⑸ 「가축전염병예방법」에 따라 신고를 받은 자는 통보대상인 감염병에 대하여 누구에게 즉시 통보해야 하는가?
   (   )

⑹ 감염병관리기관을 지정할 수 있는 자는? (   )

⑺ 감염병이 발생하여 유행할 우려가 있거나 감염병 여부가 불분명하나 발병원인을 조사할 필요가 있다고 인
   정하면 지체없이 역학조사하여야 하는 자는? (   )

⑻ 감염병에 관한 강제처분권을 행사할 수 있는 자는? (   )

**08 다음은 감염병환자 등이 있다고 인정되는 시설 또는 장소에 들어가 해당 공무원이 필요한 조치나 진
   찰을 하게 할 수 있는 대상감염병이다. 이 중 제2급 감염병을 열거하시오.**

⑴ 제1급 감염병

⑵ 제2급 감염병(11종)

①_____   ②_____   ③_____

④_____   ⑤_____   ⑥_____

⑦_____   ⑧_____   ⑨_____

⑩_____   ⑪_____

⑶ 제3급 감염병 중 질병관리청장이 정하는 감염병 ⑫_____

⑷ 세계보건기구감시대상 감염병

09 그 밖의 신고자가 지체없이 신고해야 할 대상감염병은?(8종)

① _____   ② _____   ③ _____

④ _____   ⑤ _____   ⑥ _____

⑦ _____   ⑧ _____

10 적합한 답을 구하시오(%)

검진방법	질병상태	
	질병있음	질병없음
양성	100	400
음성	100	400

(1) 민감도를 구하시오. (   )   (2) 특이도를 구하시오. (   )

(3) 음성 예측도를 구하시오. (   )   (4) 양성 예측도를 구하시오. (   )

11 적합한 답을 고르시오.

① 신뢰도	② 민감도	③ 특이도	④ 유병률	⑤ 경계값
⑥ 양성예측도	⑦ 음성예측도	⑧ 증가	⑨ 감소	⑩ 타당도

(1) 타당도에 영향을 주는 요인은? (   )

(2) 진단 기준의 경계값을 올리면 (   )는 감소하고, (   )는 증가한다.

(3) 유병률이 낮을수록 (   )이 낮아지므로 (   )가 높은 검사를 사용하는 것이 바람직하다.

(4) 민감도가 높은 도구는 (   )가 높다.

(5) 어떤 측정치나 측정방법이 측정하고자 하는 내용을 얼마나 정확하게 반영해 주는지의 정도 (   )

(6) 같은 검사법을 동일 대상자에게 반복 측정 시 같은 결과가 나오는 측정결과의 일관성 정도 (   )

12 다음 문항의 설명에 적합한 답을 고르시오

① 몬트리얼 의정서	② 람사르 협약	③ 바젤협약	④ 교토의정서
⑤ 런던 협약	⑥ 파리협정	⑦ 나고야의정서	⑧ 유엔환경개발회의
⑨ 유엔환경계획기구	⑩ 유엔인간환경회의		⑪ 비엔나협약

⑴ 온실가스 감축을 위하여 선진국의 온실가스 감축목표치를 규정한 의정서는? (   )

⑵ 유해폐기물의 국가 간 이동 및 처리에 관한 국제협약은? (   )

⑶ 오존층 파괴물질의 규제에 관한 국제 협약과 의정서는? (   )

⑷ 2100년까지 지구의 평균기온상승을 산업화 이전 대비 2℃ 이내보다 낮은 수준으로 유지하고, 1.5℃ 이하로 제한하도록 노력하자는 목표를 채택한 국제적 협정은? (   )

⑸ 유해폐기물을 해상에 투기하는 것을 규제하는 해양오염방지협약은? (   )

⑹ 환경적으로 지속가능한 개발을 구현하기 위한 지구환경질서에 관한 기본원칙을 선언한 회의는? (   )

01 환경영향평가는 환경에 영향을 미치는 실시계획·시행계획 등의 허가·인가·승인·면허 또는 결정 등을 할 때에 해당 사업이 (㉠_____)에 미치는 영향을 미리 조사·예측·평가하는 것으로, 개발사업 등으로 인한 환경피해를 (㉡_____)하기 위한 방안을 미리 마련하기 위한 환경피해에 대한 (㉢_____) 제도이다.

02 건강영향평가는 정책(policy), 계획(plan), 프로그램(program) 및 프로젝트(project)가 (㉠_____)에 미치는 영향과 그 분포를 파악하는 것으로, 사업 시행이 야기하는 건강결정요인의 변화로 인해 특정 인구집단의 건강에 미치는 (㉡_____)영향을 확인하며, 긍정적인 영향은 (㉢_____)하고 부정적 영향과 건강불평등을 (㉣_____)하여 사업계획을 조정하거나 대책을 마련하도록 (㉤_____)에게 정보를 제공하기 위한 건강피해에 대한 (㉥_____)제도이다.

03 (㉠_____)은 (㉡_____)법에 따라 지구온난화 등 기후변화가 국민건강에 미치는 영향을 조사평가하기 위하여 (㉢_____)를 (㉣_____)마다 시행하여야 한다.

04 군집독의 실내공기요염지표로 옳은 것은?

① 습도　　　　② CO_2　　　　③ O_2　　　　④ CO

05 다음 중 광화학스모그의 원인이 되는 물질은?

① 아황산가스 ② 이산화탄소 ③ 질소산화물
④ 오존 ⑤ 탄화수소(VOCs 포함) ⑥ 미세먼지

06 우리나라 환경정책기본법에 의거한 대기환경 측정기준 항목 중 아닌 것은?

① 아황산가스 ② 이산화탄소 ③ 이산화질소 ④ 오존
⑤ 납 ⑥ 수은 ⑦ 미세먼지 ⑧ 벤젠

07 다음은 대기오염에 관한 설명이다. 적절한 용어를 고르시오.

① 복사성 역전 ② 침강성 역전 ③ 엘니뇨 현상 ④ 열섬효과
⑤ 산성비 ⑥ 온실효과 ⑦ 라니냐 현상

⑴ 적도무역풍이 약해져 해수면의 온도가 상승하여 기상이변을 초래하는 현상은? (   )

⑵ 야간에 대지가 복사에 의해 냉각 시 따뜻한 공기 밑에 차가운 공기층이 생겨 공기의 수직운동이 일어나지 않는 현상은? (   )

⑶ 인위적인 열의 생산량이 증가함으로써 도심의 온도가 주변지역보다 높아지게 됨으로써 나타나게 되는 현상은? (   )

⑷ 고기압 지역을 공기가 침강, 단열압축을 받아 건조, 가열되어 지상 1000m 높이에 200~300m 두께로 역전층이 형성되어 공기의 이동을 막는 현상은? (   )

⑸ 대기면의 수증기와 가스에 의한 절연효과로 대류권의 기온이 상승해서 생기는 현상은? (   )

⑹ 공장이나 배기가스에서 배출된 황산화물과 질소산화물이 대기 중 산화되어 황산, 질산으로 변환되고 비 또는 안개형태로 강하하는 현상은? (   )

08 다음 경보단계에 대한 설명이다. 빈칸을 채우시오.

(1) 오존주의보는 시간당 오존농도가 (㉠_____)ppm 이상인 경우, 오존 경보는 (㉡_____)ppm 이상인 경우, 오존중대경보는 (㉢_____)ppm 이상인 경우에 발령된다.

(2) 미세먼지 주의보(PM-10)는 시간 평균농도가 (㉠_____)㎍/㎥ 이상 2시간 지속되는 경우, 미세먼지 주의보(PM-2.5)는 시간 평균농도가 (㉡_____)㎍/㎥ 이상 2시간 지속되는 경우 발령된다.

(3) "중대경보"단계의 시도지사의 비상저감 조치사항으로 옳은 것은? (   )

① 사업장의 연료사용량 감축 권고	② 자동차 통행 금지
③ 주민의 실외활동 제한	④ 사업장 조업시간 단축

09 상수의 정수단계를 답하시오.

(①　　　　　 → ②　　　　　 → ③　　　　　 → ④　　　　　)

10 다음 중 급속여과의 특성을 모두 고르시오.

① 보통침전	② 약품침전	③ 세균제거율이 높음
④ 원수의 탁도, 색도가 심할 때 사용함	⑤ 상부사면 대치법	⑥ 역류세척법
⑦ 경상비가 많이 듦	⑧ 건설비가 많이 듦	
⑨ 이끼류가 발생하기 쉬운 장소에 부적당함	⑩ 수면이 동결되기 쉬운 장소에 적합함	

11 염소소독에 대하여 답하시오.

(1) 불연속점 염소소독이란 염소는 강한 산화력이 있어 유기물과 환원성 물질과 접촉 시 살균력이 저하되므로 (㉠_____) 이상으로 염소를 주입하여 (㉡_____)가 검출되도록 하는 것을 말한다.

(2) 이에 따라 "수도시설의 청소 및 위생관리에 관한 규칙"에 의하여 수도꼭지의 먹는 물 유리잔류염소는 (㉠_____)mg/L 이상 되게 해야 하고, 병원성 미생물에 의하여 오염되었거나 오염될 우려가 있는 경우에는 유리잔류염소가 (㉡_____) mg/L 이상 되게 하여야 한다.

12 다음 항목의 우리나라 음용수 수질기준은?

(1) 일반세균: 1cc 중 (_____)CFU 이하

(2) 대장균수: 100cc 중 (_____)

(3) 과망간산칼륨 소비량: (_____)mg/L 이하

(4) PH: (_____)

(5) 색도: (_____)도 이하

(6) 유리잔류염소: (_____)mg/L 이하

(7) 경도: (_____)mg/L 이하

(8) 질산성 질소: (_____)mg/L 이하

(9) 암모니아성 질소: (_____)mg/L 이하

(10) 수은: (_____)mg/L 이하

13 다음의 하수처리 과정의 들어갈 알맞은 답은?

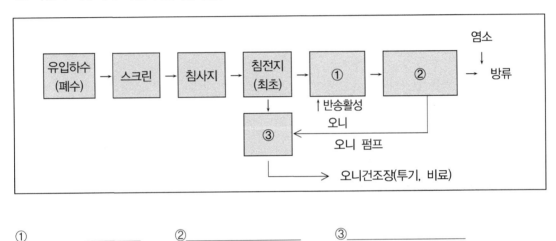

①_____   ②_____   ③_____

14 다음 문항에 적합한 하수처리방법은?

(1) 악취가 나는 부패조의 결점을 보완하고자 침전실과 부패실로 분리하여 부패실에서 냄새가 역류하여 밖으로 나오지 않도록 고안해낸 방법:

(2) 호기성 균이 풍부한 오니를 하수에 25% 첨가하여 충분한 산소를 공급함으로써 유기물을 분해시키는 생물학적 정화방법:

15 다음 중 맞는 답을 고르시오

① 생물학적 산소요구량(BOD) ② 화학적 산소요구량(COD) ③ 용존산소(DO) ④ 살수 여상법
⑤ 활성오니법 ⑥ 임호프탱크 ⑦ 부영양화 ⑧ 미나마타 병
⑨ 이타이이타이 병 ⑩ 적조현상 ⑪ 녹조현상
⑫ 과망간산칼륨소비량 ⑬ 질산성 질소 ⑭ 암모니아성 질소

(1) 호기성 미생물이 호기 상태에서 분해 가능한 유기물질을 20℃에서 5일간 안정시키는 데 소비되는 산소량은? (   )

(2) 가정하수와 축산폐수는 (   )으로, 산업폐수는 보통 (   )으로 측정한다.

(3) (   )는 수중에 산화되기 쉬운 유기물질에 의해 소비되는 산화제의 양으로써, 하수, 공장폐수, 분뇨 등 유기성 오염의 유입에 의해 증가하기 때문에 오염의 지표로 활용된다.

(4) 물의 오염도를 나타내는 지표 중의 하나로 물에 녹아있는 유리산소의 양을 의미하며, 어족보호를 위한 권장허용량은 5ppm 이상인 지표는? (   )

(5) 하천에 질소, 인 등의 영양염류가 지나치게 증가하여 냄새가 나고 산소부족으로 수중생물이 죽게 되는 결과를 초래하는 현상은? (   )

(6) 하수처리의 호기성 분해처리 방법은 (   )과 (   ), 산화지가 있으며, 혐기성 처리로는 부패조와 (   )가 있다

(7) 염류농도가 낮거나, 수온이 낮을수록, 기압이 높을수록 (   )는 증가한다.

(8) (   )과 (   )이 발생하면 물속의 산소부족과 프랑크톤의 증가로 어패류가 폐사하고, 수질이 악화되어 수산업에 막대한 피해가 발생한다.

(9) 아연의 선광, 정련과정에서 배출된 카드뮴에 중독되어 발생한 질병은? (   )

(10) 예비 처리된 유출수를 미생물점막으로 덮힌 쇄석이나 기타 매개층 등 필터 위에 뿌려서 미생물막과 폐수 중의 유기물을 접촉시켜 하수를 처리하는 방법은? (   )

(11) 물의 오염도가 심할수록 (,   ,   )는 증가하고, (   )는 감소한다.

(12) 유기물 특히 분변오염 가능성을 의미하는 것으로, 오염된 지 얼마 되지 않았다는 것을 나타내는 것은? (   )

01 적당한 답을 고르시오

① 살모넬라 식중독　　　② 포도상구균 식중독　　　③ 장염비브리오 식중독

④ 보툴리누스 식중독　　　⑤ 웰치균 식중독　　　⑥ 병원성 대장균 식중독

(1) 감염형 식중독을 고르시오. (　　　　　　　)

(2) 독소형 식중독을 고르시오. (　　　　　　　)

(3) 잠복기가 가장 짧으며, 특히 화농있는 자의 식품취급 금지 및 위생적 식품관리가 중요한 식중독은? (　　　　　)

(4) 병원성 호염기균에 의하여 발생하며, 오염된 해수 속의 어패류 섭취로 인한 식중독은? (　　　　　)

(5) 혐기성균의 신경독소에 의한 식중독으로 주로 통조림에서 발생하는 치명률이 높은 식중독은? (　　　　　)

02 다음은 자연독 식중독의 원인 독성물질이다. 각 식품의 해당 독성물질은?

(1) 맥각: _____

(2) 감자새싹: _____

(3) 버섯: _____

(4) 복어: _____

(5) 굴, 조개: _____

(6) 썩은 감자: _____

03 빈칸에 적절한 답을 적으시오.

(1) HACCP 중 HA는 (㉠_____)이며, CCP는 (㉡_____)으로 위해물질이 해당 식품에 혼합되거
나 오염되는 것을 막기 위한 식품안전에 대한 (㉢_____) 제도이다.

(2) ① 저온살균법은 (㉠_____)℃에서 (㉡_____)분간 가열,

② 건조법은 수분을 (_____)% 이하로 유지,

③ 염장법은 (㉠_____)% 이상의 소금에, 당장법은 (㉡_____)% 이상의 설탕에 저장하는 방법이다.

④ 가스저장법은 (㉠_____), (㉡_____ 또는 _____) 가스를 이용하여 식품의 호흡작용과 산화작용을
억제하여 식품을 오래 저장하는 방법이다.

04 다음 직무에 적합한 학교보건인력을 고르시오.

| ① 학교장 | ② 보건교사 | ③ 학교의 | ④ 학교약사 | ⑤ 관할청 | ⑥ 시·군·구청장 |

⑴ 학생건강기록부의 관리:

⑵ 건강검사 기록의 작성 및 관리:

⑶ 학생 및 교직원의 건강상담:

⑷ 학교보건계획의 수립:

⑸ 학생과 교직원의 건강진단 및 건강평가:

⑹ 정기 또는 임시 예방접종의 실시:

⑺ 예방접종 완료여부의 검사 의무:

⑻ 감염병예방과 학교보건을 위한 휴업과 휴교를 명할 수 있음:

⑼ 건강진단결과 발견된 질병자의 요양지도 및 관리:

⑽ 학교 환경위생 유지 관리 및 개선에 관한 사항:

⑾ 감염병예방과 학교보건에 필요할 때 등교중지와 휴업할 수 있음:

⑿ 학생과 교직원에 대한 건강검사의 실시:

05 건강검사의 5가지 영역은?

① _____ ② _____ ③ _____

④ _____ ⑤ _____

06 아래의 빈칸에 적합한 답을 고르시오.

| ① 초 1 | ② 초 4 | ③ 중 1 | ④ 고 1 |

⑴ 비만학생에게만 실시하는 혈액검사의 대상학년은? (   )

⑵ 혈액검사 중 혈색소 검사는 (   ) 여학생에게 따로 실시한다.

⑶ 허리둘레는 어느 학년의 비만대상자에게 실시하는가? (   )

⑷ 결핵검진대상학년은? (   )

⑸ 소변검사 대상학년은? (   )

07 빈칸을 적절하게 채우시오.

(1) 체질량지수로 비만도를 판정하는 경우 (㉠_____)Kg/m^2 이상인 경우 비만으로 판정하나, 학교보건에서는 체질량지수를 성별, 나이별 백분위수 도표에 대비하여 백분위수 도표의 (㉡_____) 이상인 경우를 비만으로 표기한다.

(2) 건강검사 결과 통보서는 건강검사 결과 통보서와 구강검사 결과 통보서를 해당 (㉠_____) 또는 (㉡_____)와 (㉢_____)에게 각각 통보해야 한다. 이 경우 질환이 의심되는 학생 또는 정밀검사가 필요한 학생의 경우에는 반드시 (㉣_____)에게 통보하여야 한다.

(3) 신체의 발달상황, 신체의 능력, 건강조사, 정신건강상태검사는 해당 (㉠_____)이 실시하고, 건강검진은 검진기관에서 실시한다. 다만 건강검진을 실시하는 학생에 대한 (㉡_____)에 대한 검사는 검진기관에서 실시할 수 있다.

(4) (㉠_____)과 (㉡_____)는 매학년도 제1학기말 까지 실시해야 한다.

(5) 학교의 장은 (㉠_____) 통계표를 작성하여 해당연도의 8월 31일까지, (㉡_____) 통계표는 다음 연도의 2월 말일까지 관할 (㉢_____)을 거쳐 (㉣_____)에게 보고해야 한다.

(6) 학생건강기록부는 학생이 중학교 또는 고등학교를 진학하지 아니하거나 휴학 또는 퇴학 등으로 고등학교를 졸업하지 못하는 경우에는 그 학생이 최종적으로 재적하였던 학교에서 최종적으로 재적한 날로부터 (_____)간 보존하여야 한다.

08 아래 문장의 내용을 완성하시오.

(1) 교육부장관은 감염병으로부터 학생과 교직원을 보호하기 위하여 (㉠_____)을 마련하여야 한다. 이 경우 (㉡_____) 및 (㉢_____)과 협의하여야 한다.

(2) (㉠_____)은 감염병에 효과적으로 대응하기 위하여 (㉡_____)과의 협의를 거쳐 감염병 유형에 따른 (㉢_____)을 작성, 배포하여야 한다.

(3) 학교의 장은 해당 학교에 감염병에 걸렸거나 의심되는 교직원이 있을 경우 즉시 (㉠_____)을 거쳐 (㉡_____)에게 보고한다.

(4) 학교의 장은 감염병확산 을 방지하기 위하여 학생 및 교직원에 대하여 (㉠_____)를 명할 수 있다. 이때 학교의 장은 그 (㉡_____)와 (㉢_____)을 명시해야 한다.

(5) 감염병으로 인하여 주의이상의 위기경보가 발령되어 휴업조치를 하는 경우 학교의 장은 (㉠_____)의 동의를, 휴업과 휴교 조치 시 교육감은 (㉡_____)의 동의를 받아야 한다.

09 학교감염병위기대응매뉴얼에 따른 감염병대응 제2단계는?

① 의료기관으로부터 확인받은 감염병(의심)환자가 존재한다.

② 동일 학급에 감염병(의심)환자가 2명 이상 존재한다.

③ 감염병 유증상자가 존재한다.

④ 기존환자가 완치되고, 추가환자가 미 발생되었다.

10 다음의 항목에 대한 적절한 학교보건 환경 허용기준을 답하시오.

(1) 이산화탄소 농도는 (㉠_____) ppm 이하이며, 일산화탄소는 (㉡_____)ppm 이하이다.

(2) 자연조명의 경우 직사광선을 포함하지 아니하는 경우 천공광에 의한 옥외 수평조도와 실내조도와의 비를 평균 (㉠_____)% 이상으로 하되 최소 (㉡_____)% 미만이 되지 아니하도록 할 것.

(3) 인공조명의 경우 교실의 조명도는 책상면을 기준으로 (㉠_____)Lux 이상이어야 한다.

(4) 인공조명의 경우 최대조도와 최소조도의 비율이 (㉠_____) : (㉡_____)을 넘지 않도록 한다.

(5) 실내온도 기준은 (㉠_____)℃ ~ (㉡_____)℃ 이하이며 습도는 (㉢_____)% ~ (㉣_____)%이다.

(6) 교실 내 소음 허용기준은 (_____)dB 이하이다.

(7) 교사의 PM 10 기준은 (㉠_____)$\mu g/m^3$ 이하, PM 2.5 기준은 (㉡_____)$\mu g/m^3$ 이하이다.

11 적합한 답을 고르시오

① 교육감	② 교육장	③ 시·도지사	④ 시·군·구청장
⑤ 학교장	⑥ 상급학교	⑦ 하급학교	⑧ 학교출입문 ⑨ 학교경계선
⑩ 관계행정기관의 장	⑪ 시·도 교육환경보호위원회		⑫ 지역교육환경보호위원회
⑬ 시·도 학교보건위원회	⑭ 상대보호구역		⑮ 절대보호구역

(1) (   ) 또는 (   )은 학교의 보건·위생, 안전 및 학습환경을 보호하기 위하여 교육환경보호구역을 설정·고시하여야 하며, 교육환경보호구역은 (   )이 관리한다.

(2) (   ) 또는 (   )은 교육환경보호를 위하여 관계행정기관 등의 장에게 교육환경보호구역 내에서의 행위와 시설에 대한 처분 및 시설물의 철거명령을 요청할 수 있다.

(3) 상·하급 학교 간의 보호구역이 중복 시 (   )가 이를 관리한다.

(4) 상대보호구역이란 (   )으로부터 직선거리 200m까지의 지역 중 절대보호구역을 제외한 지역이다.

(5) 교육환경보호구역 내의 금지행위 및 시설에 대한 방지조치권자는? (   )

(6) (   )에서의 규정된 행위 및 시설 중 교육감이나 교육감이 위임한 자가 (   )의 심의를 거쳐 학습과 교육환경에 나쁜 영향을 주지 아니한다고 인정하는 행위와 시설은 제외한다.

(7) 「학교보건법」에 의거하여 교육감소속으로 학교보건의 주요 시책을 심의하는 정책기구는? (   )

01 다음의 질문에 해당되는 답을 고르시오.

① 고용노동부 ② 근로복지공단 ③ 지방노동청 ④ 한국산업안전보건공단 ⑤산업안전협회

(1) 산업보건 공공조직 중 산업재해보상 업무와 관련된 업무를 총괄하는 기관은? (   )

(2) 근로자의 안전과 보건을 유지하고 사업주의 재해예방을 촉구함을 목적으로 설립된 기관은? (   )

02 적절한 답을 적으시오.

(1) 사업주는 대통령령이 정하는 (㉠_____)인 이상의 사업장에는 보건관리자를 두어야 하며, 보건관리자가 의사가 아닌 경우 (㉡_____)를 선임하여야 한다.

(2) 대통령령이 정하는 상시근로자 20인 이상 50인 미만의 사업장에는 (_____)를 1명 이상 선임하여야 한다.

03 간호사 면허을 가진 보건관리자로서 수행 가능한 보건관리자의 업무는?

① 근로자의 건강유지와 증진을 위하여 필요한 의학적 조치

② 건강진단 결과 발견된 질병자의 요양 지도 및 관리

③ 자주 발생하는 가벼운 부상에 대한 치료

④ 사업장 순회점검 및 조치의 건의

⑤ 건강진단결과에 따른 건강보호 조치

04 산업안전법의 개정으로 간호사가 보건관리자에 포함된 해는?   (   )년

05 다음의 질문에 해당되는 답을 고르시오.

① 일반건강진단   ② 특수건강진단   ③ 배치 전 건강진단   ④ 수시 건강진단   ⑤ 임시 건강진단

(1) 업무 상 유해인자에 의한 직업성 천식, 직업성 피부염 등의 소견을 보이는 근로자에게 사업주가 실시하는 검진은? (   )

(2) 특수건강진단 업무에 종사하는 근로자에 대하여 직업병 발견을 목적으로 실시하는 검진은? (   )

(3) 유해인자에 의한 직업병의 집단발생으로부터 근로자의 건강보호조치를 강구하기 위하여 지방고용노동관서의 장의 명령으로 수행되는 검진은? (   )

(4) 특수건강검진기관이 공단에 전산입력자료로 보고해야하는 건강진단은? (   )

06 다음의 질문에 해당되는 답을 고르시오.

① C_1 ② C_2 ③ D_1 ④ D_2 ⑤ R   ⑥ A   ⑦ C_N ⑧ D_N

(1) 직업병 소견이 있어 적절한 의학적 및 직업적 사후관리조치가 필요한 근로자는? (   )

(2) 일반 질병예방을 위해 적절한 의학적 및 직업적 사후관리조치가 필요한 근로자는? (   )

(3) 건강검진기관이 반드시 업무적합성 여부를 평가하여야 하는 대상자는? (   )

(4) 질병으로 진전될 우려가 있어 야간작업 시 추적관찰이 필요한 근로자는? (   )

07 다음에 적합한 업무수행적합성 평가 기준으로 구분하시오.

(1) 건강장해가 우려되어 한시적으로 현재의 작업을 할 수 없는 경우:

(2) 건강관리상 현재의 조건하에서 작업이 가능한 경우:

08 다음의 내용에 대하여 적절하게 답하시오.

(1) (㉠_____)건강진단, (㉡_____)건강진단, (㉢_____)건강진단의 결과 특정 근로자에 대하여 근로금지의 제한, 작업전환, 근로시간의 단축, 직업병 확진 의뢰 안내의 조치가 필요하다는 건강진단을 실시한 의사의 (㉣_____)이 있는 건강진단결과표를 송부받은 (㉤_____)는 건강진단결과표를 송부 받은 날로부터 (㉥_____) 이내에 (㉦_____)에 건강진단결과표, 조치의 실시를 증명하는 서류 또는 실시계획 등을 첨부하여 (㉧_____)에게 제출해야 한다.

(2) 건강진단의사가 (㉠_____), (㉡_____), (㉢_____), (㉣_____)에 대하여 추적검사를 판정하는 경우에는 (㉤_____)는 반드시 건강진단의사가 지정한 (㉥_____)에 대하여 지정한 (㉦_____)에 추적검사를 실시하여야 한다.

(3) (㉠_____) 중 요양보상이 필요하다고 판단되는 근로자에 대하여는 건강진단을 실시한 의사가 직접 (㉡_____)를 작성하여 근로자에게 (㉢_____)관할지사에 (㉣_____)을 할 수 있도록 안내하여야 한다.

(4) (㉠_____)건강진단, (㉡_____)건강진단, (㉢_____)건강진단을 실시하였을 경우 건강검진기관은 건강진단개인표 전산입력자료를 건강진단을 실시한 날로부터 (㉣_____) 이내 (㉤_____)에 송부하여야 한다.

(5) 건강진단기관은 건강진단의 결과를 (㉠_____)와 (㉡_____)를 (㉢_____)와 (㉣_____)에게 각각 송부하여야 한다.

09 다음의 질문에 해당되는 답을 고르시오.

① 건수율	② 강도율	③ 도수율	④ 평균작업손실일수

(1) 연 근로 1000시간 당 작업손실일 수로서 재해에 의한 손상정도를 나타내는 산업재해 지표:
(2) 근로자 1000명당 산업재해 발생 건수를 표시하는 지표로서 재해 발생상황을 총괄적으로 파악하는 데 적합한 지표:
(3) 연 근로 100만 시간 당 재해건 수로서 재해 발생 규모를 파악하기 위한 표준 지표:

10 다음의 질문에 해당되는 답을 고르시오.

① 요양급여	② 휴업급여	③ 상병보상연금	④ 간병급여	⑤ 장해급여	⑥ 직업재활급여

(1) 요양급여를 받은 자가 요양 개시 2년이 경과한 후에도 치유되지 않고 중증요양상태의 정도가 등급 기준에 해당하는 경우 지급되는 급여:
(2) 업무상의 사유로 질병, 부상에 걸린 경우 지급되는 급여:
(3) 업무상 사유로 인한 요양으로 취업하지 못한 기간에 대하여 지급되는 급여:

11 다음의 질문에 해당되는 답을 고르시오.

① 서한도	② 시간가중 평균농도	③ 단시간 폭로 허용농도	④ 천정치

(1) 순간적으로도 폭로되어서는 안 되는 최고농도:

(2) 15분 동안 계속적으로 폭로되어도 건강상 문제가 없는 최고농도:

(3) 근로자가 단일 유해요인에 노출되는 경우 허용 기준 이하에서는 거의 모든 근로자에게 건강상 나쁜 영향을 미치지 아니하는 유해물질의 노출허용기준:

12 다음의 질문에 해당되는 답을 고르시오.

① 대치	② 개인 보호 조치	③ 격리 및 밀폐	④ 환기	⑤ 교육

(1) 작업자와 유해인자 사이를 막는 방법으로 방호벽 등이 높여 있는 상태를 의미함:

(2) 환경개선의 근본적인 방법으로 공정의 변경, 시설의 변경, 물질의 변경 등을 의미함:

(3) 방사선 등이 조사하는 공정을 자동화공정으로 개선하는 것:

(4) 유해물질의 발생원 가까이에서 유해물질을 빨아 들여 배출하는 것:

13 (㉠_____)는 화학물질 또는 이를 포함한 혼합물을 제조, 수입하려는 자가 해당물질에 대한 (㉡_____) 평가결과를 근거로 작성한 자료이다.

01 다음의 내용에 해당되는 적합한 답을 고르시오.

| ① C_5 dip 현상 | ② 잠함병 | ③ 고산병 | ④ 석면폐증 | ⑤ 규폐증 |
| ⑥ VDT 증후군 | ⑦ 레이노 현상 | ⑧ 열경련 | ⑨ 열피비 | ⑩ 열사병 |

(1) 고온다습한 환경에서 뇌의 체온조절중추의 기능 부전으로 발생함:

(2) 손가락의 감각마비, 청색증, 통증, 저림, 냉감이 나타나는 현상:

(3) 분진에 의하여 호흡곤란, 기침, 흉통, 혈담 등을 일으키며 합병증으로 폐암을 유발:

(4) 고온환경에 장시간 폭로되어 말초혈관의 운동신경 조절장애로 인한 심박출량의 부족으로 순환장애 특히 대뇌피질의 혈류량 부족이 주원인으로 발생:

(5) 안정피로, 경견완 증후군, 정신신경장애 등 단말기 등의 사용으로 인해 야기되는 건강장애:

(6) 소음성 난청의 경우 순음청력검사시 청력손상이 4000Hz에서 가장 심한 현상:

(7) 급격한 감압시 혈액과 조직에 용해되어있던 질소가 혈중으로 용입되어 기포를 형성하고 이 기포가 순환장애와 조직손상을 일으키는 건강장애:

02 다음의 내용에 해당되는 적합한 답을 고르시오.

| ① 크롬 중독 | ② 수은중독 | ③ 카드뮴 중독 | ④ 베릴륨 중독 | ⑤ 납 중독 | ⑥ 벤젠중독 |

(1) 이타이 이타병이라고 하며 3대 증상으로 폐기종, 신장장애, 근골격계 장애를 일으키는 중독:

(2) 중독의 초기 진단 시 혈중의 호염기성 과립 적혈구의 증가로 소변에서 코프로폴피린이 검출:

(3) 중독시 신장장애, 비중격 천공, 피부궤양 등을 동반하는 중독:

(4) 미나마타병이라고도 하며 초기 증상으로 구내염, 근육진전, 정신증상 등을 동반하며 만성 시 뇌신경장애를 동반하는 중독:

(5) 강력한 산화력을 가진 중금속으로 사고로 먹었을 때 응급조치로 우유와 환원제로 비타민 C를 공급하는 중금속 중독:

(6) 상온에서 액체상태의 중금속으로 작업 시 밀폐장치의 작업대를 경사지게 만들어 중금속이 바닥에 흐르지 않도록 물을 채워 작업해야 하는 중금속 중독:

03 다음의 질문에 해당되는 답을 고르시오.

① 적정인구	② 정지인구	③ 안정인구	④ 폐쇄 인구	⑤ 현재인구	⑥ 상주인구

⑴ 인구 성장률이 일정하여 인구규모는 변하지만 인구구조가 변하지 않고 일정한 인구:

⑵ 출생률과 사망률이 같아 인구분포와 인구규모 모두 변하지 않는 인구:

⑶ 인구조사 당시 지역 내에 실제로 존재하고 있는 인구:

04 다음의 질문에 해당되는 답을 고르시오.

① 고위정지기	② 초기확장기	③ 후기확장기	④ 저위정지기	⑤ 감퇴기

⑴ 저사망, 저출생으로 인구 성장이 둔화되며, 산업이 발달되고, 핵가족화가 일어나는 단계:

⑵ 사망과 출산률이 최저 수준으로 낮아져 인구 정지형으로 전환되는 단계:

05 다음 중 인구 동태 통계를 고르시오. (   )

① 사망통계   ② 직업별 인구통계   ③ 연령별 인구통계   ④ 출생통계   ⑤ 인구이동 통계

06 다음의 질문에 해당되는 답을 고르시오.

① 총재생산율	② 순재생산율	③ 모성사망비	④ 모성사망률	⑤ 표준화사망률
⑥ 특수사망률	⑦ 비례사망률	⑧ 비례사망지수	⑨ 일반출산율	⑩ 합계출산율

⑴ 성별, 연령구조의 차이가 있는 두 집단의 사망률 비교 시 사용되는 사망지표:

⑵ 어떤 년도의 총 출생 수에 대한 그해 임신, 분만, 산욕으로 인한 모성 사망수:

⑶ 1년 동안의 총 사망자수에 대한 50세 이상의 사망자 수:

⑷ 가임기간의 각 연령에 여아를 낳는 연령별 특수출산율에 그 여아가 가임연령에 도달할 때까지의 생존율을 곱해서 산출한 지표:

⑸ 가임연령의 여성 인구에 대한 연간 총출생아 수:

⑹ 한 명의 여자가 일생동안(가임기) 몇 명의 아이를 낳는가를 나타내는 지표:

07 빈칸에 적절한 답을 적으시오.

(1) 노령화 지수 = (㉠_____)세 이상 인구 / (㉡_____)세 인구 X 100

(2) 부양비 = (㉠_____) 세 인구 + (㉡_____)세 인구 / (㉢_____)세 인구 X 100

(3) 경제활동연령인구 = (_____)세 인구

(4) 성비 = (㉠_____)의 수 / (㉡_____)의 수 X 100

(5) 실업률 = 실업자 수 / (_____)의 수

(6) 경제활동인구 = (_____) 인구 중 경제활동을 하고 있거나 하기를 원하는 인구

08 다음의 질문에 해당되는 답을 고르시오.

① 피라미드형	② 종형	③ 항아리형	④ 별형	⑤ 표주박형

(1) 15-49세 인구가 전 인구의 1/2보다 많은 인구구조:

(2) 0-14세 인구가 50세 이상 인구의 2배가 되며, 인구의 노령화 현상이 나타나는 인구구조:

(3) 청장년층 인구의 유출이 많아 출산력 저하가 오는 농촌형 인구구조:

(4) 출생률이 사망률보다 낮아져 인구가 감소되어 향후 국가 경쟁력 악화가 우려되는 인구구조:

(5) 현재 우리나라의 인구피라미드 유형:

09 우리나라 인구정책의 변화과정을 적으시오.

(1)(_____) 정책 → (2)(_____) 정책 → (3)(_____) 정책

10 다음 중 인구 조정정책에 해당되는 정책은?

① 출산조절정책   ② 식량 정책   ③ 사회보장정책   ④ 인구분산 정책   ⑤ 인구자질 향상 정책

11 「모자보건법」에서의 모자보건사업과 관련된 내용이다. 적합한 답을 고르시오.

(1) 우리나라 모자보건의 대상은 (㉠_____)과 (㉡_____)이다.

(2) 모성이란 (㉠_____)와 (㉡_____) 여성을 말한다.

(3) 임산부란 (㉠_____)중이거나 분만 후 (㉡___) 개월 미만인 여성을 말한다.

(4) 영유아란 출생 후 (____)년 미만의 아동을 말한다.

(5) 미숙아란 임신 (㉠_____)주 미만의 출생아 또는 체중이 (㉡_____)kg 미만인 영유아로서 보건소장 또는 의료기관 장이 특별한 의료적 관리가 필요하다고 인정하는 영유아를 말한다.

(6) 미숙아, 선천성 이상아 출생 시 (㉠_____)은 지체없이 (㉡_____)에게 출생보고를 하여야 한다.

12 영아사망과 신생아 사망의 관련지표로서 지표값이 1에 근접할수록 건강수준이 높은 것을 의미하며, 그 값이 클수록 영아사망에 대한 예방대책이 필요한 값은?

① 사산율   ② 영아 사망률   ③ α-index   ④ 주산기 사망률   ⑤ 모아비

13 다음의 보건소 모자보건사업에 대한 물음에 답하시오.

(1) 선천성 대사이상 검사의 방법은

생후 (㉠_____) 이후에서 (㉡_____) 이내에 젖을 충분히 먹인 후 (㉢_____) 뒤에 (㉣_____)에서 채혈하여 검사한다.

(2) 임산부 철분제 및 엽산제 지원

① 철분제 지원은 임신 (㉠_____) 이상의 보건소 등록임산부에게 분만 전 까지 (㉡_____)분을 무료 지원한다.

② 엽산제 지원은 (㉠_____) 이하의 등록 임산부에게 임신일로부터 (㉡_____)까지 무료 지원한다.

14 다음의 빈칸에 적절한 답을 적으시오.

(1) 모자수첩발급은 (_____)이 신고된 임산부나 영유아에 대하여 발급하여야 한다.

(2) 임산부의 정기건강진단 횟수는 임신 (㉠_____)주까지는 4주마다 1회, 임신 (㉡_____)주 ~ 임신 (㉢_____)주까지는 2주마다 1회, 임신 (㉣_____)주 이상은 1주마다 1회씩 실시한다.

(3) 시장, 군수, 구청장은 다음에 해당하는 경우의 대상자에게 위의 건강진단 횟수를 넘어 건강진단을 실시할 수 있다.

① 「장애인 복지법」에 의한 (_____)인 경우

② 만 (_____)세 이상 임신부

③ (_____)를 임신한 경우

④ 의사가 (_____)으로 판단한 경우

15 「모자보건법」에 의한 영유아 건강검진 시기를 답하시오.

(1) 정상아

   ① 생후 1개월 이내: (_____)

   ② 출생후 1년 이내: (_____)에 1회

   ③ 출생 후 1년 초과 5년 이내: (_____)에 1회

(2) 미숙아, 선천성 이상아

   ① 분만의료기관 퇴원 후 (_____) 일 이내: 1회

   ② 1차 건강진단 시 건강문제가 있는 경우: 최소 (㉠_____)주에 (㉡_____)회

   ③ 발견된 건강문제가 없는 경우: 영유아 건강진단 기준에 따름

16 아래의 예방접종시기에 대하여 답하시오.

(1) DPT 추가 4차 접종: (2) 폴리오 추가 4차 접종:

(3) MMR 1차 접종시기:

17 다음 재난의 유형을 고르시오

① 자연재난	② 사회재난	③ 해외재난

(1) 화재, 붕괴, 폭발 교통사고, 화생방사고, 환경오염사고 등으로 인하여 발생하는 피해:

(2) 메르스와 같은 감염병 확산 등으로 인하여 발생하는 피해:

(3) 태풍, 홍수, 호우, 대설, 지진, 황사 등으로 인하여 발생하는 재해:

18 다음의 업무를 수행하는 조직과 조직의 장을 고르시오.

① 중앙긴급구조단	② 중앙재난 안전대책 본부	③ 중앙안전관리위원회
④ 국무총리	⑤ 소방청장	⑥ 행정안전부 장관
⑦ 외교부 장관	⑧ 중앙사고수습본부	⑨ 재난관리주관기관의 장

(1) 재난 및 안전관리에 관한 중요 정책을 심의 및 조정:

(2) 긴급구조에 관한 사항의 총괄 · 조정:

(3) 국내 대규모의 재난의 수습에 관한 업무의 총괄 · 조정:

(4) 재난이 발생하거나 발생할 우려가 있는 경우에 재난상황을 효율적으로 관리하고 수습하기 위하여 설치:

19 다음의 문항에 맞는 우리나라 「재난안전관리기본법」에 따른 재난단계는?

(1) 재난 유형별 교육 및 훈련을 실시:

(2) 위험분석 및 위험지도를 작성하며, 안전관리 법규 제정 및 안전의식을 고취:

(3) 재난대책본부가 가동되며, 환자분류작업 및 현장진료소 등을 설치:

20 다음의 문항에 적합한 ICN의 재난관리단계에 따른 재난간호역량은?

(1) 윤리적 법적 수행과 책임:

(2) 취약인구집단 관리:

(3) 정책개발 및 계획:

21 다음의 중증도 분류체계에 해당하는 대상자를 고르시오.

① 약한 화상	② 단순 두부손상	③ 개방성 흉부/복부 손상	④ 다발성 주요 골절
⑤ 기도화상	⑥ 심한 쇼크	⑦ 폐쇄성 골절	⑧ 척추손상

(1) 빨간색:

(2) 황색:

(3) 녹색:

(4) 검정: 생존가능성이 없는 부상을 가졌거나 이미 사망한 환자

22 재난간호 시 지켜져야 할 윤리적 요소를 쓰시오.

①_____ ②_____

③_____ ④_____

23 우리나라에서 국제재난구호활동을 위하여 설립한 정부기관 산하의 공적개발원조기관(ODA)은?

①_____ ②_____

Review Test 01

01
(1) ④　　(2) ⑪　　(3) ③　　(4) ⑦　　(5) ⑥
(6) ②　　(7) ⑧　　(8) ⑩　　(9) ⑤

02
(1) 사회통제기능　　(2) 상부상조기능
(3) 사회화 기능　　(4) 사회통합기능
(5) 경제적 기능

03
(1) ① 정치적 요인　② 습관적 요인
　　③ 유전적 요인　④ 환경적 요인
　　⑤ 사회경제적 요인　⑥ 보건의료전달체계요인
(2) ㉠ 기능적　ⓛ 상대적　ⓒ 역동적　ⓔ 인구집단
(3) ①-③-⑤-②-④
(4) ㉠ 간호과정　ⓛ 기능연속지표　ⓒ 간호수단

04
①, ②, ⑤, ⑦, ⑨

05
(1) 1차예방: ②, ③, ⑥
(2) 2차예방: ①, ⑤
(3) 3차예방: ④, ⑦

06
(1) 1923년, 로선복
(2) 1859년, 윌리엄 라스본
(3) 1893년, 릴리안 왈드
(4) ②, ③, ⑥, ⑦

(5) ㉠1956　ⓛ1962　ⓒ1985　ⓔ1995　ⓜ1980
　　ⓗ1967　ⓢ1990　ⓞ1973　ⓩ2000　ⓧ1963
　　㉠1977　ⓔ1989　ⓟ1999　ⓗ2000　㉮1981
　　ⓝ1990　ⓣ1995　ⓡ2005　ⓜ2007

07
(1) ④　　(2) ⑫　　(3) ①　　(4) ②　　(5) ⑥
(6) ⑦　　(7) ⑩　　(8) ⑬　　(9) ⑤

08
(1) 투입: ②, ④　　(2) 변환: ③
(3) 산출: ①

09
(1) 목표　(2) 변화　(3) 미래
(4) ㉠ 연속적　ⓛ 의사결정
(5) ㉠ 기획자　ⓛ 행동
(6) 수단

10
(1) ⑤-②-③-④-①-⑥
(2) ②　　(3) ①　　(4) ⑤　　(5) ②　　(6) ③

Review Test 02

01
(1) ㉠ 비용　ⓛ 보상　ⓒ 권력　ⓔ 규범
(2) 수행　(3) 보상　(4) ㉠ 조직　ⓛ 기준
(5) ㉠ 대등　ⓛ 일방적

02

(1) ⑤　　(2) ②　　(3) ③　　(4) ⑥　　(5) ⑦
(6) ④　　(7) ④ / ⑨　　　(8) ⑩

03

(1) ⑤　　(2) ⑥　　(3) ②　　(4) ①
(5) ⑧ / ⑪　　　　(6) ⑫ / ⑧

04

(1) ③　　(2) ⑤　　(3) ㉠ ① / ㉡ ③
(4) ⑦　　(5) ①　　(6) ②

05

(1) ③　　(2) ⑦　　(3) ⑤　　(4) ②　　(5) ④
(6) ①　　(7) ⑩　　(8) ⑧　　(9) ⑪　　(10) ⑥

06

(1) 건강형평성　　(2) ㉠ 의료자원　㉡ 건강수준
(3) 사회경제적 위치
(4) 건강문해력 또는 건강정보이해력

07

① 의사소통　② 공간　③ 사회조직　④ 시간
⑤ 환경통제　⑥ 생물학적 차이

08

① 문화적 민감성　② 문화적 인식
③ 문화적 지식　④ 문화적 환경
⑤ 문화적 기술

09

문화적 인식

Review Test 03

01 ④

02

(1) ③　　(2) ②　　(3) ①　　(4) ④　　(5) ⑤

03

(1) ③ − ① − ② − ④　　　(2) ①　　(3) ②

04

(1) ②, ⑥, ⑧, ⑩　　　　(2) ③, ⑤, ⑦, ⑨
(3) ①, ④

05

(1) ①, ②, ④, ⑥
(2) ㉠ A: ①　㉡ B: ④　㉢ C: ⑤
(3) ③, ⑦
(4) ① 적절성　② 경제적 타당성　③ 수용성
　　④ 자원이용가능성　⑤ 적법성

06

(1) ① 구체성　② 측정가능성　③ 성취가능성
　　④ 연관성　⑤ 기한
(2) 측정가능성　　　(3) 관찰가능성

07

(1) 투입목표　　　(2) 산출목표
(3) 결과목표　　　(4) 결과목표

08

(1) 과정목표　　　(2) 과정목표
(3) 영향목표　　　(4) 결과목표

09

① 어디서　② 누가　③ 무엇　④ 언제　⑤ 범위

10

(1) ① 기술적 타당성   ② 경제적 타당성
　 ③ 법적 타당성   ④ 사회적 타당성
　 ⑤ 정치적 타당성
(2) 사회적 타당성   (3) 기술적 타당성

11

① 평가자   ② 평가도구   ③ 평가시기   ④ 평가범주
⑤ 평가대상

12

(1) ②   (2) ①   (3) ③

13

(1) 아웃리치   (2) 사회적 마케팅
(3) 협력

14

(1) ① 투입된 노력   ② 사업진행   ③ 목표달성정도
④ 사업의 효율   ⑤ 사업의 적합성
(2) 사업의 적합성 평가
(3) 사업의 효율평가
(4) 투입된 노력 평가

15

(1) 1) 구조평가: ③, ④
　 2) 과정평가: ①, ②, ⑥, ⑦, ⑨, ⑩
　 3) 결과평가: ⑤, ⑧
(2) 1) 과정평가: ①, ②, ③, ④, ⑥, ⑦, ⑨, ⑩
　 2) 영향평가: ⑤
　 3) 결과평가: ⑧

16

(1) ②   (2) ①   (3) ⑤   (4) ④

17

(1) ④   (2) ①   (3) ⑤   (4) ②

Review Test 04

01

(1) ① 동원   ② 협조   ③ 협력   ④ 개입   ⑤ 주도
(2) 협조단계   (3) 개입단계

02

(1) ⑤   (2) ④   (3) ③

03

② 현황분석   ③ 우선순위 설정
⑤ 전략 개발 및 세부계획의 수립

04

㉠ 환경   ㉡ 내부역량   ㉢ 전략

05 ③

06 ②

07

㉠ 문제의 크기   ㉡ 효과   ㉢ 수행가능성

08

㉠ 투입   ㉡ 활동   ㉢ 산출   ㉣ 결과

09

(1) 정책 요인   (2) 개인 간 요인
(3) 개인 요인   (4) 지역사회 요인
(5) 조직 요인

10 ②, ⑤

11

PATCH 모형
① 지역사회 조직화
② 자료수집 및 분석
③ 우선순위 설정
④ 포괄적 중재계획 수립
⑤ PATCH 평가

MAPP 모형
① 조직화 및 파트너쉽
② 비젼설정
③ 4MAPP사정
④ 전략적 과제 설정
⑤ 목표와 전략의 설정
⑥ 순환적 활동

MATCH 모형
① 목표설정
② 중재계획
③ 프로그램개발
④ 실행준비
⑤ 평가

12

(1) ③　　(2) ②　　(3) ①

13

(1) ②　　(2) ③　　(3) ㉠ 정책형성　㉡ 정책채택

14 ②

15 ①, ③, ④, ⑤

16 ①, ③, ④, ⑥

17

(1) 외부효과　　　(2) 질병의 예측불가능성

18

(1) ① 보건의료자원의 개발
　　② 자원의 조직적 배치(조직화)
　　③ 보건의료서비스의 제공　④ 관리　⑤ 관리
(2) 관리　　　　　　(3) 자원의 조직화

01

(1) ①　　(2) ③　　(3) ②　　(4) ②　　(5) ③
(6) ①

02 ②

03 ②

04

(1) ②, ⑥　　　　　　(2) ①, ③, ④, ⑤, ⑦

05

(1) 보건복지부: ①, ④, ⑤
(2) 행정자치부: ②, ③

06 ①, ②, ⑤

07 ④

08 ④

09

(1) 수요 측 요인: ①, ⑧, ⑨
(2) 공급 측 요인: ②, ④, ⑥
(3) 제도적 요인: ③, ⑤, ⑦

10 ①, ⑤, ⑦

11

(1) ②, ⑤　　　　　　(2) ①, ③, ④, ⑥
(3) ④　　(4) ⑥　　(5) ④　　(6) ③　　(7) ①

12

(1) ②　　(2) ①, ③, ④, ⑤

13

(1) ①, ②, ③, ④, ⑤

(2) ⑥, ⑦   (3) ①, ④, ⑦

(4) ①, ②, ③, ⑥   (5) ⑤

14

㉠ 사회보험   ㉡ 공공부조   ㉢ 사회서비스

Review Test 06

01

(1) ①, ④, ⑤, ⑦   (2) ②, ③, ⑥

02

(1) ②   (2) ①   (3) ③

03

(1) 1963년   (2) 1977년

(3) 1989년   (4) 2000년

(5) 2008년

04

(1) ㉠ 보건복지부   ㉡ 국민건강보험공단

     ㉢ 건강보험심사평가원   ㉣ 국민건강보험공단

(2) ㉠ 의료보장   ㉡ 사회연대   ㉢ 소득재분배

05 ③, ④, ⑤, ⑧, ⑨, ⑩

06

㉠ 보수월액   ㉡ 소득월액   ㉢ 가입자   ㉣ 부과점수

㉤ 금액   ㉥ 세대

07

㉠ 건강보험료   ㉡ 국고지원

㉢ 건강증진기금   ㉣ 14   ㉤ 6

08 ③

09 ①, ⑦

10 ②, ③, ⑤, ⑦

11

(1) ㉠ 65   ㉡ 노인성   ㉢ 건강보험

     ㉣ 의료급여수급권자

(2) ㉠ 장기요양등급판정위원회   ㉡ 1~5

     ㉢ 장기요양 인지지원

12 ①, ④, ⑤

13

(1) ④   (2) ⑥   (3) ⑧

14

㉠ 장기요양보험료   ㉡ 국가 지원

㉢ 본인부담금   ㉣ 20

㉤ 국가   ㉥ 지방자치단체

15

㉠ 분리   ㉡ 통합   ㉢독립

16 ③, ④

17 ②

18 알마아타회의

19 ㉠처음   ㉡ 포괄적

20

(1) ① 접근성   ② 수용가능성   ③ 주민참여

     ④ 지불가능성

(2) 주민참여   (3) 접근성

Review Test 07

01

① 건강 친화적인 지역사회 여건의 조성

② 지역보건의료정책의 기획, 조사 연구 및 평가

③ 보건의료인 및 보건의료기관 등에 대한 지도,
관리, 육성과 국민보건향상을 위한 지도, 관리

④ 보건의료 관련기관, 단체, 학교, 직장 등과의
협력체계 구축

⑤ 지역주민의 건강증진 및 질병예방 · 관리를 위한
지역보건의료서비스의 제공

02 ①, ②, ④, ⑤

03

(1) ① ㉠ 보건의료원 포함 ㉡ 시 · 구 · 구
　　㉢ 30만 ㉣ 대통령령 ㉤ 조례
　② ㉠ 지방자치단체의 장 ㉡ 보건복지부장관
　③ ㉠ 보건지소 ㉡ 건강생활지원센터
　　㉢ 보건진료소

(2) ㉠ 보건소 ㉡ 읍 · 면 ㉢ 보건소장
　　㉣ 보건진료소

(3) ㉠ 만성질환 예방 ㉡ 생활습관 ㉢ 읍 · 면 · 동
　　㉣ 보건소장

04

(1) ㉠ 질병관리청장 ㉡ 보건복지부장관
　　㉢ 지방자치단체의 장

(2) ㉠ 지방자치단체의 장 ㉡ 보건소
　　㉢ 질병관리청장

05 ①, ③

06

(1) ㉠ 의료취약 ㉡ 의료 ㉢ 군수
　　㉣ 5000 ㉤ 리, 동

(2) ㉠ 시 · 도지사 ㉡ 보건복지부장관 ㉢ 보고

(3) ㉠ 간호사 ㉡ 조산사 ㉢ 24
　　㉣ 시장 · 군수 · 구청장 ㉤ 지정

07 ②, ③, ⑤, ⑦

08 ②

09 ②, ⑤, ⑥, ⑦

10

(1) ⑥ / ⑤　　　　　　(2) ⑧ / ⑪ / ②

(3) ⑫ / ⑭ / ②

11 ③, ⑤

12

(1) ⑥　　　　(2) ①, ③　　　(3) ②, ④, ⑤

13 ①

14 ①, ⑦, ⑧

15

(1) 2

(2) ㉠ 의사 ㉡ 한의사 ㉢ 가정전문간호사
　　㉣ 의뢰

(3) ㉠ 방문당 ㉡ 행위별 ㉢ 20
　　㉣ 의료급여 1종 수급자

16

㉠ 지자체 ㉡ 건강생활실천 ㉢ 만성질환

㉣ 취약계층 ㉤ 특성 ㉥ 요구

17

(1) 효율성　　　　(2) 자율성

(3) 책임성

18

(1) ㉠ 140　㉡ 90

(2) ㉠ 126　㉡ 200　㉢ 6.5

(3) ㉠ 240　㉡ 200　㉢ 40　㉣ 160

19

㉠ 90　㉡ 85　㉢ 130　㉣ 85　㉤ 100　㉥ 150
㉦ 40　㉧ 50

Review Test 08

01 ①, ④

02

(1) ㉠ 40　㉡ 2년

(2) ㉠ 40　㉡ 복부초음파　㉢ 6개월

(3) ㉠ 50　㉡ 분변잠혈반응검사　㉢ 1년

(4) ㉠ 40　㉡ 유방촬영　㉢ 2년

(5) ㉠ 20　㉡ 자궁경부세포검사　㉢ 2년

(6) ㉠ 54~74　㉡ 2년

03

(1) 통합성　　　(2) 포괄성

(3) 개별성　　　(4) 책임성

(5) 지속성

04

(1) 개입 및 실행　(2) 점검 및 재사정

(3) 대상자의 선정 및 등록

05 ③

06 ①, ③, ⑤, ⑥

07

① 애정기능　② 생식기능　③ 경제적 기능

④ 사회화기능　⑤ 보호 휴식 기능

08 ②

09

(1) ③　　(2) ②　　(3) ①　　(4) ④　　(5) ②

(6) ③　　(7) ①　　(8) ③　　(9) ①　　(10) ③

(11) ②　　(12) ①　　(13) ②

Review Test 09

01

(1) ⑥　　(2) ③　　(3) ①　　(4) ⑦　　(5) ④

(6) ⑤　　(7) ⑧　　(8) ②

02

(1) ④　　(2) ③　　(3) ②　　(4) ①　　(5) ⑥

03 ②, ③, ⑤, ⑧

04

(1) ③, ④, ⑧　　　(2) ②, ⑦

(3) ⑥, ⑩　(4) ①, ⑤, ⑨

05 다문화가족지원센터

06 ①, ③, ⑤

07 일상생활수행능력(ADL)

08

(1) ① / ④, ⑤　　(2) ② / ③, ④, ⑤

(3) ③, ⑥

09 ②, ③

10 ③

11

① 옹호　② 가능화(역량강화)　③ 중재(연합)

12

① 건강한 공공정책 수립

② 건강 지향적(지지적) 환경 조성

③ 지역사회활동 강화

④ 개인의 기술 개발

⑤ 보건의료서비스의 방향 재정립

13

① 건강도시　② 건강정보 이해능력

③ 좋은 거버넌스

Review Test 10

01

(1) ⑤　　(2) ④　　(3) ⑦　　(4) ⑥

02

(1) ①　　(2) ⑤　　(3) ④　　(4) ①, ③, ④, ⑤

03

① 사회적 진단　② 역학, 행위 및 환경 진단

③ 교육 생태학적 진단　④ 행정 및 정책진단

⑤ 수행　⑥ 과정평가　⑦ 영향평가　⑧ 결과평가

04

(1) ②　　(2) ⑤　　(3) ③　　(4) ①

---

05 역학, 행위 및 환경진단

06

(1) ㉠ 행위의도　㉡ 행위의도　㉢ 행위에 대한 태도
　　㉣ 주관적 규범

(2) ㉠ 지각된 행위통제　㉡ 어려움　㉢ 용이함

(3) ㉠ 결과 기대　㉡ 자기효능감

07

(1) ③　　(2) ②　　(3) ④　　(4) ①　　(5) ④

08 ①, ④, ⑤, ⑧, ⑩

09 ①

10

(1) ㉠ 건강 수명의 연장　㉡ 건강형평성 제고

(2) ① 건강생활실천　② 정신건강관리
　　③ 비감염성 질환 예방관리
　　④ 감염 및 기후변화성 질환 예방관리
　　⑤ 인구집단별 건강관리
　　⑥ 건강친화적 환경 구축

(3) ①, ⑤

11

(1) ①, ⑨, ⑪, ⑫, ⑮　　　　(2) ⑤, ⑦, ⑬, ⑭

(3) ③

12

㉠ 물리적, 사회적 환경　㉡ 의사결정　㉢ 노력

Review Test 11

01

(1) ②　　(2) ②　　(3) ③　　(4) ④　　(5) ③

(6) ①　　(7) ②　　(8) ①　　(9) ②　　(10) ④

(11) ①　　(12) ④　　(13) ③　　(14) ②　　(15) ③

(16) ④

02

⑤ → ⑦ → ② → ① → ④ → ③ → ⑥

03

(1) ③　　(2) ①

04

(1) ②　　(2) ③

05 ①

06

(1) ⑤ － ⑱ － ⑧ － ① － ⑮ － ⑪

(2) ⑨ － ⑰ － ③ － ⑭ － ⑥

(3) ⑩ － ④ － ⑯ － ② － ⑫ － ⑦ － ⑬

07 ①

08

(1) 도입단계: ④, ⑦, ⑧　　(2) 전개단계: ②, ③

(3) 정리단계: ①, ⑤, ⑥

09

(1) ⑤　　(2) ⑦　　(3) ①

10

(1) ⑧　　(2) ⑤　　(3) ⑦　　(4) ③　　(5) ⑩

(6) ⑥　　(7) ⑨　　(8) ⑫　　(9) ④

Review Test 12

01

(1) ⑥　　(2) ④　　(3) ①　　(4) ②　　(5) ⑧

(6) ⑨　　(7) ③　　(8) ⑦　　(9) ⑩

02-1

③ － ⑧ － ④ － ⑤ － ① － ⑥ － ② － ⑦

02-2

(1) ⑧　　(2) ⑤　　(3) ⑦　　(4) ④

03

(1) ②, ③　　　　(2) ①, ④　　　　(3) ⑤

(4) ②　　　　　(5) ④　　　　　(6) ⑤

04

(1) ㉠ 현성 감염자　㉡ 불현성 감염자　㉢ 감수성자

(2) ㉠ 현성 감염자　㉡ 감염자

(3) ㉠ 사망자　㉡ 현성 감염자

(4) ㉠ 중환자　㉡ 사망자　㉢ 현성 감염자

05

(1) 거미줄 모형(원인망 모형)

(2) 생태학적 모형(지렛대 모형)

(3) 수레바퀴 모형

06

(1) ①　　(2) ③　　(3) ④　　(4) ⑥　　(5) ⑤

(6) ②　　(7) ⑥　　(8) ①　　(9) ③

07

(1) ㉠ 유병률　㉡ 발생률

(2) ㉠ 발생률　㉡ 유병률

08-1 ①, ②, ④, ⑥, ⑦

08-2

(1) 연관성의 특이성 (2) 연관성의 강도
(3) 용량 – 반응관계 (4) 실험적 증거

09

(1) ③ (2) ④ (3) ② (4) ① (5) ⑤
(6) ③ (7) ③ (8) ②

10

(1) 4 (2) 2 (3) 50

11

㉠ 대조군 ㉡ 무작위 ㉢ 조작 또는 실험적 처치

12 이중맹검법

Review Test 13

01

(1) ② (2) ④ (3) ③ (4) ⑤ (5) ⑥
(6) ①

02

(1) 집단면역
(2) ㉠기본 감염재생산수 ㉡ 감수성 ㉢ 직접
(3) 1
(4) ㉠ 한계 밀도 ㉡ 종식

03

① 콜레라(5일) ② 페스트(6일) ③ 황열(6일)
④ 동물인플루엔자 인체감염증(10일)
⑤ 중증급성호흡기증후군(10일)
⑥ 신종 인플루엔자감염증(최대 잠복기)
⑦ 중동호흡기증후군(14일)
⑧ 에볼라바이러스병(21일)

04

(1) ②, ③, ⑤, ⑦, ⑧, ⑩   (2) ②, ⑤, ⑧, ⑨

05

(1) 디프테리아
(2) ① 백일해 ② 홍역 ③ 유행선이하선염
　　④ 풍진 ⑤ 수두 ⑥ 폴리오 ⑦ 결핵
　　⑧ b형 헤모필루스인플루엔자
　　⑨ 폐렴구균감염증 ⑩ A형 간염
(3) ① 파상풍 ② 일본뇌염 ③ B형 간염
(4) ① 인플루엔자 ② 사람유두종바이러스 감염증
　③ 그룹 A형 로타바이러스 감염증
(5) ① 장티푸스 ② 신증후군 출혈열

06

(1) 3
(2) ㉠ 음압격리 ㉡ 격리 ㉢ 1
(3) ㉠ 격리 ㉡ 2
(4) ㉠ 즉시 ㉡ 24시간
(5) ㉠ 4 ㉡ 7일
(6) 감염병의심자
(7) ㉠ 감염병 환자 ㉡ 감염병의사환자
　　㉢ 병원체 보유자

07

(1) ① / ③ / ① / ② / ③ (2) ⑤, ⑦, ⑧
(3) ⑥, ⑨, ⑩ (4) ⑨ (5) ③
(6) ①, ②, ③, ⑪ (7) ①, ②, ③
(8) ①, ②, ③

08

① 콜레라 ② 장티푸스 ③ 파라티푸스
④ 세균성 이질 ⑤ 장출혈성 대장균감염증
⑥ A형 간염 ⑦ 결핵 ⑧ 성홍열
⑨ 수막구균감염증 ⑩ 홍역 ⑪ 폴리오
⑫ 원숭이 두창

09

① 결핵 ② 홍역 ③ 콜레라 ④ 장티푸스

⑤ 파라티푸스 ⑥ 세균성이질

⑦ 장출혈성대장균감염증 ⑧ A형간염

10

(1) 50% (2) 50% (3) 80% (4) 20%

11

(1) ①, ④, ⑤ (2) ② / ③

(3) ⑥ / ③ (4) ⑦

(5) ⑩ (6) ①

12

(1) ④ (2) ③ (3) ⑪, ① (4) ⑥

(5) ⑤ (6) ⑧

Review Test 14

01

㉠ 환경 ㉡ 최소화 ㉢ 사전 예방

02

㉠ 인체 ㉡ 잠재적 ㉢ 극대화 ㉣ 최소화

㉤ 의사결정권자 ㉥ 사전예방

03

㉠ 질병관리청장 ㉡ 보건의료기본

㉢ 기후보건영향평가 ㉣ 5년

04 ②

05 ③, ⑤

06 ②, ⑥

07

(1) ③ (2) ① (3) ④ (4) ② (5) ⑥

(6) ⑤

08

(1) ㉠ 0.12 ㉡ 0.3 ㉢ 0.5 (2) ㉠ 150 ㉡ 75

(3) ②, ④

09

① 침전 → ② 폭기 → ③ 여과 → ④ 소독

10 ②, ④, ⑥, ⑦, ⑩

11

(1) ㉠ 불연속점 ㉡ 유리잔류염소

(2) ㉠ 0.1 ㉡ 0.4

12

(1) 100 (2) 무검출 (3) 10

(4) 5.8~8.5 (5) 5 (6) 4.0

(7) 1000 (8) 10 (9) 0.5

(10) 0.001

13

① 포기족 ② 최종 침전지 ③ 오니 소화조

14

(1) 임호프 탱크 (2) 활성오니법

15

(1) ① (2) ① / ② (3) ⑫

(4) ③ (5) ⑦

(6) ④ / ⑤ / ⑥ (7) ③ (8) ⑩ / ⑪

(9) ⑨ (10) ④ (11) ①, ②, ⑫ / ③

(12) ⑭

01

(1) ①, ③. ⑥   (2) ②, ④, ⑤   (3) ②

(4) ③   (5) ④

02

(1) ergotoxin   (2) solanine

(3) muscarin   (4) tetrodotoxin

(5) venerupin   (6) sepsine

03

(1) ㉠ 위해요소 분석 ㉡ 중점관리기준 ㉢ 사전예방

(2) ① ㉠ 60~65 ㉡ 30

② 15

③ ㉠ 10 ㉡ 50

④ ㉠ CO_2 ㉡ N_2 또는 NO_2

04

(1) ②   (2) ①   (3) ③   (4) ②   (5) ③

(6) ⑥   (7) ①   (8) ⑤   (9) ②   (10) ②

(11) ①   (12) ①

05

① 신체의 발달상황 ② 신체의 능력 ③ 건강조사
④ 정신건강상태검사 ⑤ 건강검진

06

(1) ②, ③. ④

(2) ④

(3) ②, ③, ④

(4) ③, ④

(5) ①, ②, ③, ④

07

(1) ㉠ 25 ㉡ 95

(2) ㉠ 학생   ㉡ 학부모   ㉢ 학교장   ㉣ 학부모

(3) ㉠ 학교의 장 ㉡ 신체의 발달상황

(4) ㉠ 신체의 발달상황 ㉡ 건강조사

(5) ㉠ 신체의 발달상황 ㉡ 신체능력검사
㉢ 교육장   ㉣ 교육감

(6) 5년

08

(1) ㉠ 감염병예방대책 ㉡ 행정안전부장관
㉢ 질병관리청장

(2) ㉠ 교육부장관 ㉡ 질병관리청장
㉢ 감염병대응매뉴얼

(3) ㉠ 교육감 ㉡ 교육부장관

(4) ㉠ 등교중지 ㉡ 사유 ㉢ 기간

(5) ㉠ 관할청 ㉡ 교육부장관

09 ①

10

(1) ㉠ 1000 ㉡ 10   (2) ㉠ 5 ㉡ 2

(3) ㉠ 300   (4) ㉠ 3 : ㉡ 1

(5) ㉠ 18 ㉡ 28 ㉢ 30 ㉣ 80

(6) 55   (7) ㉠ 75 ㉡ 35

11

(1) ① / ② / ⑤   (2) ① / ②   (3) ⑦

(4) ⑨   (5) ③, ④, ⑩

(6) ⑭ / ⑫   (7) ⑬

Review Test 16

01

(1) ②   (2) ④

02

(1) ㉠ 50   ㉡ 사업보건의

(2) 안전보건관리담당자

03 ②, ③, ④

04 1990

05

(1) ④   (2) ②   (3) ⑤   (4) ②, ④, ⑤

06

(1) ③   (2) ②   (3) ③, ④, ⑧   (4) ⑦

07

(1) 다   (2) 가

08

(1) ㉠ 특수   ㉡ 수시   ㉢ 임시   ㉣ 소견
    ㉤ 사업주   ㉥ 30일   ㉦ 사후관리조치결과보고서
    ㉧ 관할지방고용노동관서의 장

(2) ㉠ C_1 ㉡ D_1 ㉢ C_N ㉣ D_N ㉤ 사업주
    ㉥ 검사항목   ㉦ 시기

(3) ㉠ 직업병 유소견자   ㉡ 산재요청신청서
    ㉢ 근로복지공단   ㉣ 산재요청신청

(4) ㉠ 특수   ㉡ 수시   ㉢ 임시   ㉣ 30일   ㉤ 공단

(5) ㉠ 건강진단개인표   ㉡ 건강진단결과표
    ㉢ 사업주   ㉣ 근로자

09

(1) ②   (2) ①   (3) ③

10

(1) ③   (2) ①   (3) ②

11

(1) ④   (2) ③   (3) ①

12

(1) ③   (2) ①   (3) ③   (4) ④

13

㉠ 물질안전보건자료   ㉡ 유해성

Review Test 17

01

(1) ⑩   (2) ⑦   (3) ④   (4) ⑨   (5) ⑥
(6) ①   (7) ②

02

(1) ③   (2) ⑤   (3) ①   (4) ②   (5) ①
(6) ②

03

(1) ③   (2) ②   (3) ⑤

04

(1) ③   (2) ④

05 ①, ④, ⑤

06

(1) ⑤   (2) ③   (3) ⑧   (4) ②   (5) ⑨
(6) ⑩

07

(1) ㉠ 65　㉡ 0~14

(2) ㉠ 0~14　㉡ 65　㉢ 15~64

(3) 15~64

(4) ㉠ 남자　㉡ 여성

(5) 경제활동인구

(6) 생산연령

08

(1) ④　　(2) ②　　(3) ⑤　　(4) ③　　(5) ③

09

(1) 출산억제　(2) 인구자질향상　(3) 출산장려

10 ①, ④, ⑤

11

(1) ㉠ 모성　㉡ 영유아

(2) ㉠ 임산부　㉡ 가임기

(3) ㉠ 임신　㉡ 6

(4) 6

(5) ㉠ 37　㉡ 2.5

(6) ㉠ 의료기관의 장　㉡ 관할 보건소장

12 ③

13

(1) ㉠ 48시간　㉡ 7일　㉢ 2시간　㉣ 발 뒤꿈치

(2) ① ㉠ 16주　㉡ 5개월
　　② ㉠ 12주　㉡ 3개월

14

(1) 시장, 군수, 구청장

(2) ㉠ 28　㉡ 29　㉢ 36　㉣ 37

(3) ① 장애인　② 35
　　③ 다태아　④ 고위험 임신

15

(1) ① 수시　② 1개월　③ 6개월

(2) ① 7　② ㉠ 1　㉡ 2

16

(1) 15-18개월　　(2) 4-6세

(3) 12-15개월

17

(1) ②　　(2) ②　　(3) ①

18

(1) ③, ④　　　　(2) ①, ⑤

(3) ②, ⑥　　　　(4) ⑧, ⑨

19

(1) 대비단계　　(2) 예방단계

(3) 대응단계

20

(1) 대비역량　　(2) 대응역량

(3) 예방/완화 역량

21

(1) ③, ⑤, ⑥　　(2) ②, ④, ⑧

(3) ①, ⑦

22

① 투명성　② 일관성　③ 비례성　④책임성

23

① 한국국제협력단(KOICA)

② 한국국제보건의료재단(KOFIH)